O ANJO SURFISTA

MANUEL AROUCA

O ANJO SURFISTA

A verdadeira história de um surfista e médico que, prestes a se tornar padre, transformou-se em anjo

LeYa

Diretor editorial: Pascoal Soto
Editora executiva: Maria João Costa
Editora assistente: Denise Schittine
Assessora editorial: Raquel Maldonado
Preparação de texto: Thiago Brigada
Revisão de texto: Beatriz Sarlo
Diagramação: Abreu's System
Designer de capa: Ideias com Peso
Diretor de produção gráfica: Marcos Rocha
Gerente de produção gráfica: Fábio Menezes

CIP-BRASIL. CATALOGAÇÃO-NA-FONTE
SINDICATO NACIONAL DOS EDITORES DE LIVROS, RJ

Arouca, Manuel
O Anjo Surfista / Manuel Arouca. – Rio de Janeiro: LeYa, 2013.
176 p.

ISBN 978-85-8044-795- 8

1. Religião 2. Catolicismo 3. Santos I. Título II.

13-0364 CDD 248.47

2013

TEXTO EDITORES LTDA.
[Uma editora do Grupo Leya]
Rua Desembargador Paulo Passaláqua, 86
01248-010 – Pacaembu – São Paulo – SP – Brasil
www.leya.com.br

Dedico este livro a todos os que foram
e vão ser tocados pelo testemunho do Guido

Prefácio

NA SACRISTIA DAS MAIS TRADICIONAIS e antigas igrejas do Rio de Janeiro, um dos maiores desafios da minha vida sacerdotal: uma jovem senhora, trajada com um vestido de gala, devidamente vestida para a ocasião solene, vem ao meu encontro, nitidamente preocupada dizendo-me em tom imperativo: padre, não mencione o Guido hoje, minha enteada está muito tensa e hoje é o dia de seu casamento.

No mesmo instante, dei-me conta da impossibilidade do pedido. Pela manhã, havia participado do funeral de Guido Schäffer que na véspera havia morrido afogado na praia do Recreio dos Bandeirantes, aonde fora festejar a despedida de solteiro de seu grande amigo. Dudu, o noivo em questão, acabara de pedir que eu fizesse uma homenagem ao seu falecido amigo que, naquela noite, participaria da cerimônia no altar junto comigo, já que era seminarista da Arquidiocese do Rio de Janeiro e se preparava para ser ordenado sacerdote no ano seguinte.

Guido fora o primeiro jovem a quem administrei o sacramento da confissão, logo após a minha ordenação sacerdotal. Com o tempo havíamos nos tornado grandes amigos. Estive presente em muitos momentos de sua vida. Lembro-me dos tempos de estudante de medicina, jovem cheio de ideais que se orgulhava em seguir a carreira de seu grande pai, ilustre patologista, professor no reconhecido Instituto Oswaldo Cruz; e de sua avó materna, uma das primeiras mulheres de seu tempo, no Brasil, a se formar em medicina. Celebrei a Santa Missa de sua formatura, na paróquia de Santa Mônica, no Leblon. Presenciei sua liderança ao fundar, em nossa paróquia, um Grupo de Oração que lotava toda quarta-feira à noite a igreja de Ipanema. Recordo-me do dia em que rompeu o noivado em virtude da convicção de que Deus o chamava para uma outra forma de vida. De fato, desde a missa final do Encontro Mundial das Famílias com o papa, no Rio de Janeiro, em 1997, Guido tivera a certeza que o santo Padre João Paulo II havia fixado nele o olhar, acendendo em seu coração o desejo de seguir o sacerdócio.

Enquanto se preparava para a consagração sacerdotal, fez da medicina seu ministério. O encontro com as irmãs de Madre Teresa de Calcutá intensificou o seu trabalho voluntário junto aos moradores de rua. Sua residência médica na Santa Casa de Misericórdia revelou não apenas a competência deste exímio profissional da saúde, elogiado pelos colegas, reconhecido pelos professores e admirado pelos pacientes. Ao mesmo tempo, sua liderança nata atraía uma equipe de voluntários que a cada domingo tornava-se um exército do bem e do amor junto aos internos nas 41 enfermarias daquele hospital multissecular fundado pelo padre Anchieta.

Assim era o Guidinho: colocava empenho, paixão, pelo que se propunha a fazer, realizando tudo com amor. Este livro, escrito com admiração e carinho por Manuel Arouca, é resultado do encontro conhecido ator e diretor português com a impressionante história desse jovem cativante que, mesmo passados quase quatro anos de sua partida deste mundo, continua contagiando os corações com sua vida, marcada pela alegria luminosa de um coração tocado admiravelmente pelo dom da fé. Podemos dizer neste Ano da Fé que Guido é um ícone da fé radiosa que brota do encontro com Deus na história de um ser humano. De todo o coração, espero que você, querido leitor, seja também contagiado pelo exemplo deste grande homem que, como afirmava sua mãe, Nazaré, na missa de corpo presente, quando criança, apaixonado pelo mar, queria ser salva-vidas; quando adolescente, apaixonado pelo ser humano, queria ser médico; quando jovem, apaixonado por Deus, quis ser padre. Guido sempre quis salvar vidas!

Padre Jorjão

Prefácio 2

FALAR SOBRE O MEU AMIGO GUIDO é uma grande responsabilidade para mim, pois, por mais que eu escreva tudo que vi e vivi com ele, sei que foi muito mais.

Poderia começar pelas aulas que ele me dava de medicina, nunca vi paixão tão grande. Dias e noites estudando, com ele e Léozinho, os dois melhores professores que alguém poderia ter.

Poderia falar do surfista que amava o mar e que sempre se referia a todo o surfista como um santo que era capaz de andar sobre a água.

Ou ainda, deveria começar pelo médico que dava mais de si e que curava não só através dos remédios, mas das orações e das palavras de carinho.

Talvez pudesse começar lembrando daquele filho que amava e sempre procurava estar junto dos pais apesar da correria do dia a dia.

Nada disso seria suficiente para definir Guido.

Então, queria apenas dizer que me sinto muito honrado por ter tido o privilégio de conhecer o "santo Guido". Pelo menos para mim era assim que eu o via.

Tanta luz, amor e caridade.

Sinto uma falta enorme de tudo: das aulas de medicina, do sorriso fácil, do carinho que ele transmitia através de um olhar, das sessões de surf e de todo conhecimento que passava, sempre com simplicidade e muita humildade.

Saudades de você, meu grande amigo.

Obrigado por tudo.

RODRIGO RESENDE,
campeão de Tow-in

I

A Luz

NAQUELE DIA de campeonato de surfe, o sol nasceu intenso sobre as praias do Rio de Janeiro. Eduardo Martins, o Dudu, entrou no mar junto com os irmãos Guido e Maurício – era o dia de pegar onda. Cris, a noiva de Dudu, estava entre a galera que participava e assistia, e ficou na areia observando. Eles remavam em direção à rebentação. O show começou com as cores do céu, que pareciam se derramar no mar. Uma onda se destacou das outras. Todos queriam pegá-la. Mas ela foi, como se um raio de luz a conduzisse, direto para Guido, como se a onda viesse com o nome dele escrito. Dudu, Maurício e mais uma turma de surfistas, boiando, abanavam a cabeça e sorriam, comentando: "as melhores ondas vêm sempre para Guido, parece que ele atrai." Duas pombas brancas pousaram junto aos pés de Cris, que ficou enternecida olhando os animais. A onda abriu, deu espaço para Guido passear nela, divertir-se, expressar a seu modo particular de surfar. Ele manobrou simples, com sentimento. Rodopiou. Havia uma harmonia entre ele e a onda. Como a própria também se deleitasse com as manobras deste carioca que em 2009 acabara de completar 34 anos. Dudu, sorrindo, comentou com Maurício, amigo inseparável desde os tempos da faculdade de engenharia: "Quem está em paz consigo mesmo atrai coisa boa." As pombas continuavam ciscando próximo aos pés de Cris. Quando Guido remou para a praia, Maurício, o seu irmão caçula, sempre bem-humorado, disse:

– Finalmente a gente vai ter onda para pegar.

Mais importante do que saber se Guido ganhou ou não o campeonato foi a forma como aquelas pombas brancas só voaram quando o rapaz saiu da água. Impressionante, as pombas brancas o acompanharam num bailado simétrico. Isso tirou a atenção mesmo daqueles que tentavam fazer as manobras mais perfeitas.

Guido sempre teve uma relação muito profunda com o mar e as ondas. Ele dizia, com o seu sorriso encantador, que Jesus tinha sido o primeiro surfista "Ele andara sobre as águas". Todos são unânimes em dizer que Guido era ousado, destemido e, entre a turma de amigos do surfe, aquele que pegava a onda maior. A sua irmã mais velha, Angela, lembra como ele, muito jovem, na piscina dos avós, queria sempre ir mais para o fundo – esse era um prenúncio de como mais tarde estava disposto também a mergulhar na fé. Guido encontrava Deus no mar, de tal forma que um dia ele foi surfar e tinha uma pregação. Não levara relógio. Pediu a Deus que lhe desse um sinal para não se atrasar; de repente, um vento sacudiu o mar. Guido, que formava uma unidade inseparável com as ondas, despertou. Aquele vento era um alarme da natureza, o tal sinal para não se atrasar. Deslizou para a praia e chegou na hora certa à pregação.

Para aqueles que surfavam com ele, que conviviam com ele, que eram tocados pelo seu amor, o Guido irradiava uma luz que os iluminava.

II

A infância

Guido Vidal França Schäffer nasceu no ano de 1974. Ano em que o mundo vivia sob a tensão da Guerra Fria e o papa era Paulo VI, do concílio do Vaticano II. Na época, o Brasil amargava os últimos anos de ditadura militar. Em março do ano de nascimento de Guido foi empossado o presidente Ernesto Geisel. A seleção de futebol, já sem Pelé, se preparava para defender o título de tetracampeã na Alemanha. Cantores como Caetano Veloso, Gilberto Gil, Maria Bethânia, Chico Buarque de Holanda revolucionavam com grande êxito a música popular brasileira. Na TV Globo, no horário das 20h, fazia grande sucesso a novela de Janete Clair *Fogo sobre terra*, dirigida por Walter Avancini e tendo como protagonista Regina Duarte.

Maria Nazareth, casada com o Dr. Guido Manoel Schäffer, médico patologista, esperava o seu segundo filho. Nazareth cursou a faculdade de letras (português e francês) e após se formar foi convidada para lecionar como assistente da cadeira de língua francesa no Liceu Franco-Brasileiro. Mas o marido pediu-lhe que se dedicasse à criação dos filhos enquanto ele se ocuparia do sustento da casa. Atendeu ao seu pedido buscando a harmonia do casal. Nazareth não se esquece daquele dia 22 de maio de 1974, do belo céu azul e temperatura amena. Ela já tinha tudo preparado para que o parto fosse no Hospital da CSN, em Volta Redonda, no estado do Rio de Janeiro, onde sua mãe Áurea era médica obstetra. E Guido – como já tinha acontecido com a sua irmã mais velha, Angela – nasceu, às 16h30 desse dia, pelas mãos de sua avó. Foi um parto natural, sem problemas, com a duração de 35 minutos.

Nazareth e o Dr. Guido Manoel eram pais muito felizes e agradecidos. Os dois avós brindaram porque era o primeiro neto homem. Guido recebeu dos pais uma medalhinha do anjo da guarda, que foi colocada no seu berço. Deram à criança nome de Guido em homenagem ao seu pai, que por sua vez recebeu este nome por sua mãe se ter encantado com a biografia do pequeno Guido de Fongalland, que morreu aos onze anos como um anjo. Foi neste clima de alegria que Guido foi batizado no dia 8 de dezembro desse mesmo ano na paróquia de Santa Cecília, em Volta Redonda. Ele teve como padrinhos os avós maternos, Áurea e José. E houve um almoço festivo que juntou os familiares mais próximos e amigos.

Guido adorava brincar com um boneco de pano preto feito pela sua avó paterna, Anna Elisa, que misturava em animadas batalhas com os bonecos do Star Wars. As suas histórias preferidas eram as dos irmãos Juca e Chico do autor alemão Wilhelm Busch. Soltava boas risadas das peraltices dos dois irmãos, mas ficou com muita pena porque, um dia, eles acabaram por cair dentro de um moinho, virando biscoito para gansos.

Ainda criança, já evidenciando o seu jeito ousado, começou a se empolgar para andar de bicicleta, skate e surfar. A conselho da sua sogra, Nazareth colocou os filhos no colégio Sacré-Coeur de Marie. Além de gostar da aula de educação moral e cívica, Guido tinha uma predileção por biologia, prenúncio de sua opção por medicina. Até que os pais decidiram transferir Guido e Maurício para o colégio São Bento. Maurício foi, mas Guido se recusou. Tinha ali os seus amigos, gostava do colégio e dos professores. O pai que procurava sempre a excelência dos filhos perguntou-lhe:

– Você está com medo de enfrentar os estudos no São Bento. E depois, como será no dia do vestibular?

Guido, firme, respondeu:

– Meu pai, não são só os alunos do São Bento que passam no vestibular, eu passarei quando chegar a minha vez.

E, como veremos mais adiante, assim foi, entrou para faculdade de medicina com mérito.

III

Um jovem normal

PADRE JORJÃO, da igreja de Nossa Senhora da Paz e com grande carisma no Rio de Janeiro, era o diretor espiritual de Guido.

Guido foi a primeira pessoa a se confessar ao padre, que disse comovido: "Guido era um rapaz de uma bondade impressionante, de grande transparência, ele abria o coração de um modo que impressionava. Um rapaz normal, que gostava de mar, de surfe, alegre, que me chamava de 'Big Jorge', um rapaz típico de Copacabana."

Para sua turma de amigos, Guido era um carioca muito bonito, atraente e charmoso. Ele foi um adolescente dos anos de 1980 que teve os mesmos desejos e desafios que os outros jovens. Fez muita besteira, invadiu festas, pulou muro para entrar sem ter sido convidado. Já até mentiu para os pais.

O pai, Dr. Guido Manoel, médico patologista, lembra que proibiu os filhos de andarem de moto. Guido descansou o pai, pediu para ele não se preocupar, porque ele não andava de moto. Um dia, Dr. Guido caminhava na Avenida Atlântica e não conseguia acreditar no que os seus olhos viam: Guido, na pista de sentido inverso ao seu, dirigia uma motocicleta que um amigo surfista lhe emprestara. Hoje em dia recorda essa cena com benevolência, não passavam de típicas teimosias de garoto.

Ele teve as suas namoradas. Dona Nazareth confirma que ele tinha muitas admiradoras também: meninas telefonavam sempre e gostavam muito dele. Houve até uma época em que existiam as "guidetes", as fãs de Guido.

Guido estudava no Colégio Sacré-Coeur; as meninas, atraídas por ele, o convidavam para várias festinhas. Levava sempre a sua turma de amigos inseparáveis, dez, onze, às vezes mais, e por isso era necessário colocar uma turma de penetras. Ele até podia ter interesse numa das meninas, mas nunca se esquecia de seus grandes amigos. Sempre, desde criança, teve aquela preocupação com o outro, até nas brincadeiras, nas festas e nas saídas isso vinha à tona.

Cambeto foi um dos grandes amigos do Guido e Maurício, hoje é guarda municipal. Os seus pais também viviam em Copacabana, e ele era uma espécie de ovelha negra dentro da turma. Viviam todos próximos, era um grupo de amigos e vizinhos que frequentava aquela Copacabana nos anos de 1980 e de 1990. A galera se juntava toda ali na rua Figueiredo Magalhães, que faz esquina com a Domingos Ferreira, onde morava a família de Guido. Eram muitos, que depois foram se dividindo por turmas. Havia a turma que surfava como eles, mas fumavam maconha e à noite saíam para azarar. A turma de Guido e Cambeto tomava os seus porres, mas nada de baseado. No entanto, eles tinham aquela curiosidade, que era também de Guido, rapaz curioso, sonhador, atrevido e com um jeito simpático de se dar bem com todos.

Um dia, Cambeto e Guido foram encontrar com a turma da maconha e experimentaram um baseado. Depois, repetiram a experiência. Mas aquilo não preenchia os dois em nada. Era, na realidade, uma ilusão. Eles procuravam por sensações boas, alguns diziam que fumar era uma maneira de estar em paz e na boa consigo mesmo e com os outros, que eram todos mais irmãos, mais camaradas quando partilhavam este momento. Mas para Guido foi como aquela onda que vai crescendo e depois estoura, deixando um vazio à sua volta.

Não era isso que interessava a Guido. Na época que entrou na faculdade de medicina se apaixonou por uma jovem atraente, com temperamento e garra. Foi um namoro intenso, sensual, onde chegaram a sonhar com o casamento. Acabou por não dar certo, e Guido, como a maioria dos jovens, teve o seu desgosto de amor. Chorou no ombro do padre Jorjão. Ele era um jovem ousado que gostava de uma boa brincadeira, usava roupa de marca, curtia o som do Metallica e do Pearl Jam e outras bandas da moda. Malhava todos os dias na academia. Gostava de dançar nas boates e rindo, na brincadeira, exibia os seus músculos. Tinha a sua vaidade. Mas havia ali sempre um limite. E esse limite não era uma barreira criada pelas regras e exigência que o seu pai impunha a ele. Esse limite ia muito mais longe, abraçava já uma realidade espiritual, a mesma que ele tinha quando nadava mais fundo na piscina ou procurava uma onda grande. Esse limite não era ultrapassado por causa da fé.

IV

Fé

CAMBETO CONTA, SORRINDO, que a turma aos domingos curtia jogar futebol a tarde toda. Invariavelmente, um pouco antes das sete, Maurício e Guido saíam para ir à missa. Para a maioria da galera era uma caretice: "Caras, o que vocês vão fazer na missa?" Era muito mais gostoso continuar jogando bola, depois beber um chope geladinho. Quem justificava era sempre Guido. E o interessante era que ele não usava a velha desculpa de que "os nossos pais é que obrigam a gente". Sua resposta era sempre a mesma: "Domingo é o dia do Senhor. O que é numa semana uma hora para Deus?" Aquela simples frase convencia a turma.

Quando era criança, Guido sonhara que Jesus lhe dissera para ir à missa e prestar atenção no que o padre dizia porque um dia ele iria falar de Jesus para os seus amigos. Era um sonho que o agitava, sobretudo nos momentos em que se sentia próximo ao pecado. Nazareth testemunhou os efeitos desse sonho. Foi quando o filho tinha seis anos e o estava colocando para dormir. O marido estava escutando cânticos gregorianos e Guidinho perguntou:

– Mãe, que cânticos são esses?

Ela respondeu que eram cânticos gregorianos.

– O que é que é isso? – retrucou o pequeno.

– São monges cantando e louvando ao senhor – disse Nazareth.

– E o que são monges? – indagou.

A mãe explicou a ele o que eram monges, homens que dedicavam a sua vida a Deus. O menino ficou quietinho, absorvendo a resposta. Um tempo depois escutou Guido fungando.

– Filho, você está gripado? – indagou Nazareth.

– Não, mamãe, eu estou chorando – soluçou.

– Mas por que é que você tá chorando, filho?

– Porque eu vi Jesus – gemeu o menino.

Nazareth preocupou-se.

– Você viu Jesus?

– Ele era lindo – suspirou Guido.

– E o que mais? – quis saber a mãe.

– Ele disse para eu ser obediente a você e a papai e falou também para eu ter muita atenção, porque um dia eu iria falar Dele para os meus amiguinhos – completou.

Muitas pessoas diziam que Guido tinha o dom de dar para cada um a palavra certa. E, precisamente quando discutiam a questão de "ir à missa", Guido também, empolgado pelo sonho que tivera, dizia muito claramente para Cambeto que se não fosse à missa ia terminar no inferno. Que todos seríamos julgados pelo que de bom e de mal fizemos nesta vida. E que, ao não ir à missa, estamos virando as costas a Jesus. Que estavam enganados aqueles que pensavam que a porta não é estreita.

A conversa foi como uma seta certeira nos medos do Cambeto. Ele tinha pavor ao que ardia. Imaginava o inferno como uma eternidade de lamentos e ranger de dentes. Sua família não tinha hábitos religiosos; mesmo assim, no domingo seguinte, Cambeto foi à missa e disse, internamente, ao Senhor: "Estou aqui, não me mande para o inferno." Sorri ao contar esta história. Depois, começou a ir à missa dos jovens, sempre às sete horas, na igreja de Nossa Senhora de Copacabana. Reconhece que sentavam lá no fundo, nos degraus das escadas, faziam as suas bobagens, mas o Espírito Santo, aos poucos, ia penetrando neles.

Uma das razões para Guido não perder a fé foi a sua mãe Maria Nazareth. Ele escreveu uma vez no seu diário: "Minha mãe tem sido uma ajuda, pois me leva a viver a palavra de Deus e a rezar." Ela era uma mãe atenta e que rezava todos os dias pelos filhos. Guido se abria muito com ela. Falavam de tudo. E o Rio de Janeiro na virada dos anos de 1980 para os de 1990 continuava a ser uma cidade repleta de tropicalidade, de sensualidade e de muitas tentações. Cada vez mais se enraizava a ideia de felicidade ligada ao prazer imediato, através dos bens de consumo, do culto do corpo e do sexo. Era, também, a época dos yuppies, jovens que procuravam o sucesso, cresciam em suas profissões e mergulhavam no consumo.

As festas eram muitas e Nazareth, preocupada com a violência da cidade, não conseguia adormecer até os filhos chegarem à casa. Estava sempre esperando, com o terço na mão. Uma noite, Guido saía de uma festa em Niterói em um carro dirigido por Igor, um de seus grandes amigos, e tiveram um acidente violento. Começara a chover, eles tinham bebido muito e, na saída do túnel Rebouças, o carro vinha com excesso de velocidade e acabou ficando sem controle, rodando, bateu de lado em um muro e capotou, ficando todo amassado. Nesse mesmo instante, Nazareth, que cochilava, sonhou com um corpo estendido no chão de calça jeans. Acordou assustada e começou a rezar novamente até que Guido chegasse. Apesar do risco, ninguém saiu ferido. No dia seguinte, Maurício viu o carro batido e não acreditava que todos saíram ilesos, um milagre.

Para Nazareth não era fácil ter dois filhos jovens oscilando nessa sociedade cada vez mais violenta e exacerbada. Ela encontrava apoio no seu grupo de Renovação Carismática do Bom Pastor, onde rezava pelos filhos. Num dos dias em que estava lá, em oração veio a sua cabeça um trecho do Salmo 24: "Eu para Ele vim e minha descendência O servirá." Interpretou isso como o recado para organizar o cenáculo. A ideia era juntar mensalmente os amigos de Guido e Maurício com a presença do padre exorcista Frei Inocêncio. Rezavam um terço, falavam de Deus e, no final, um lanchinho muito gostoso era servido.

O lanchinho foi uma "armadilha" muito inspirada que tornava o convite irrecusável. Enquanto esperavam o lanche, iam orando, orando, e o Espírito Santo como uma brisa silenciosa trabalhava em cada um deles. Os amigos confirmam que foi assim que muitos começaram a frequentar a Igreja. De certa forma se cumpria a profecia de Guido quando teve a visão de Jesus. E Cambeto, grande amigo, que andava completamente fora da Igreja, de repente, além de frequentar a missa dominical e rezar no cenáculo, se deixou arrastar para a Crisma. Desabafava que por vezes era muito chato, e que ele e outros tiveram a vontade de desistir. Mas perseverou, foi crismado e até hoje não perdeu a fé.

V

Conversão

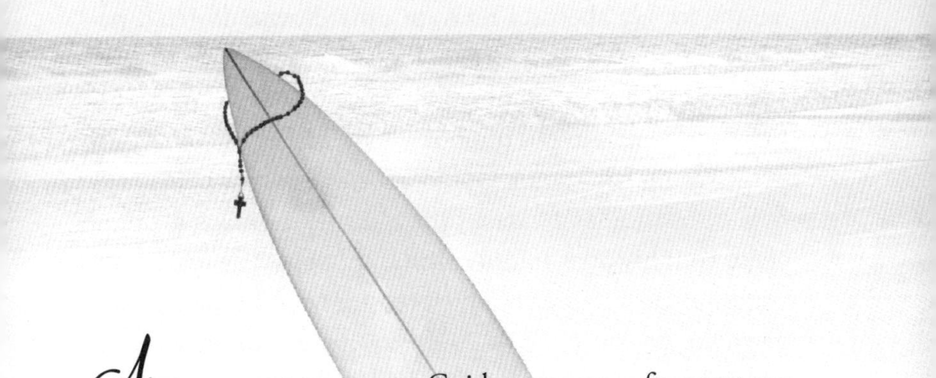

Aos 17 anos de idade Guido começou a frequentar o grupo de oração Bom Pastor, da Renovação Carismática. Ele nunca perdeu sua fé, seja pela oração diária em família, pelo cenáculo ou pela missa dominical. Mas, quando começou a frequentar a comunidade Bom Pastor (grupo de oração realizado na paróquia Nossa Senhora de Copacabana), ele ainda se sentia muito atraído, como se costuma dizer, pelos prazeres e confortos da vida. Ainda atuaria como o jovem rico que segundo o Evangelho de Lucas foi desafiado por Jesus a deixar toda a sua riqueza material. E que levou Jesus a dizer que é mais fácil um camelo passar pelo buraco de uma agulha do que um rico entrar no reino dos céus. O coração de Guido ainda demonstrava resistências à ação do Espírito Santo.

A assembleia de oração da Comunidade Bom Pastor, em Copacabana, acontecia sempre nas segundas-feiras em dois horários, às 14h e às 20h. O grupo da tarde contava com uma participação maior de senhoras, entre elas Maria Nazareth; e o da noite, onde o Guido começou participando, era com jovens, homens e mulheres, de idades e condições sociais variadas.

No meio de muita gente, Guido se foi embrenhando na oração. Na abertura rezavam uma dezena do terço pedindo a intercessão da mãe de Jesus para a noite de oração, e em seguida cantavam uma música de invocação ao Espírito Santo clamando por um novo Pentecostes. Aí começou a despertar no coração de Guido aquele seu amor pelos mais frágeis, as ovelhas feridas. Orava dando as mãos a muita gente com histórias muito sofridas. E, depois da oração em comunidade, sempre via aqueles rostos cobertos de lágrimas de alívio, de consolo e de conforto. Presenciou muitos testemunhos de conversões, curas, milagres, que não eram ficção, mas pura realidade. O seu coração, cheio de coisas do mundo, foi sendo moldado pelo Espírito Santo.

Nesse percurso, o então seminarista Omar, hoje padre Omar, Reitor do Cristo Redentor, veio dar uma palestra no grupo Bom Pastor, Guido participou junto com outros jovens surfistas. Após a palestra, ainda ficaram em oração, mais tarde Omar ligou para a comunidade preocupadíssimo porque tinha esquecido um livro cuja matéria teria prova no dia seguinte. Diante da aflição do companheiro, mesmo sendo mais de onze horas da noite, Guido saiu em seu carro com uma amiga e coordenadora do grupo, Laura Beatriz, e se dirigiram ao seminário para entregar o livro a Omar.

Ao sair do túnel Rebouças, entraram numa rua errada e quando repararam estavam na entrada de um morro perigosíssimo. Na frente do carro, no meio da rua, um rapaz todo encapuzado com um fuzil apontava, agressivo, para eles, mirando em suas cabeças. Entraram em oração baixinho. Guido, com sangue frio e nunca perdendo a calma e a serenidade, deu ré no momento certo, fazendo chiar os pneus, e conseguiram escapar da ameaça. Chegaram ao seminário e conseguiram entregar o livro para Omar. Mas não puderam deixar de agradecer a Deus pela santa proteção que tiveram no episódio.

Guido, aos poucos, foi penetrando fundo na palavra de Deus e se deixando guiar pelo Espírito Santo. Então, num seminário sobre Vida no Espírito, o seu coração finalmente se abriu e encheu do júbilo do Espírito do Senhor; o resultado foi uma conversão sincera. Sentia que se tornava, verdadeiramente, templo do Espírito Santo. Deixava de viver segundo a carne para passar a viver segundo o Espírito.

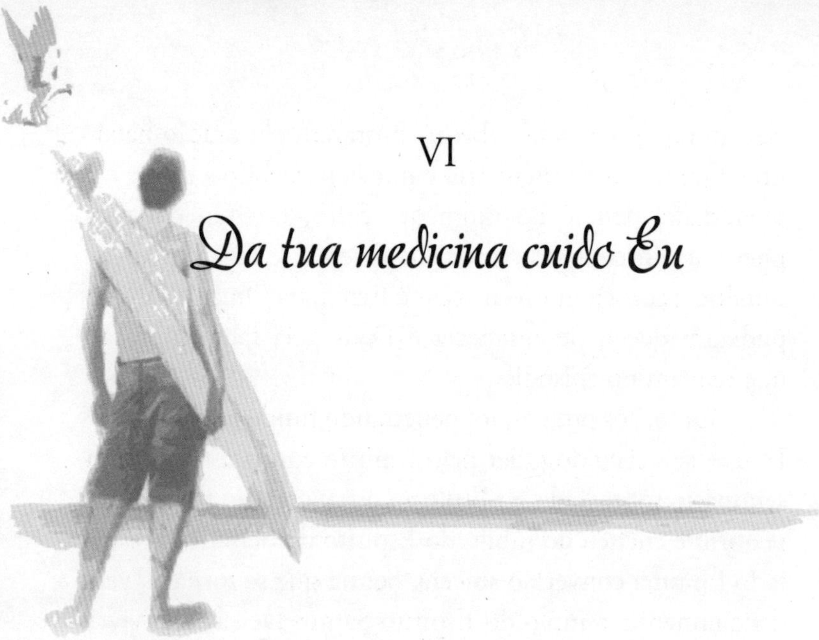

VI

Da tua medicina cuido Eu

Numa entrevista à Rádio São Paulo, em 2008, no ano Paulino, Guido disse que o momento, o clique, que fez com que ele se decidisse pelo curso de medicina estava relacionado a uma visita que fez à sua avó paterna, Anna Elisa. Na época, ele tinha quinze anos e a sua avó padecia de um câncer complicado, em que teria que fazer uma cirurgia. Ele queria muito que ela fosse curada. Realmente, havia muitos médicos na família e desde criança Guido se interessava pelos doentes. Mas sentiu aquele apelo especial, aquele chamado, porque queria muito estar habilitado para salvar a sua querida avó. Em 1991 entrou para o curso de medicina na Faculdade Técnico-Educacional Souza Marques, no Rio de Janeiro. Foi um bom aluno e sobretudo um ótimo colega. Em 1997, o papa João Paulo II visitou o Rio de Janeiro. Em todos os meios de comunicação, foi inesquecível a sua frase "Se Deus é brasileiro, então eu sou carioca". Guido fazia parte do coral que cantou para Sua Santidade. E quando o papa, muito aclamado, passou perto, sentiu que olhou para ele como Jesus olhava para os seus apóstolos. Não teve dúvida de que era um olhar profundo, de pescador de homens. Não foi uma alucinação, uma miragem, mas um olhar que o marcou para a eternidade.

Padre Jorjão, que viveu com muito entusiasmo essa visita papal, se recorda que João Paulo II disse: "Temos que ir para o mar profundo." E então Guido, que manobrava tão bem em ondas grandes e que tinha aquela relação umbilical com o mar, desabafou com um entusiasmo de criança para o padre Jorjão: "É isso que eu quero Big Jorge, é isso que eu quero." Sentiu-se escolhido e, mesmo cursando medicina, queria também ser um pescador de homens.

Esse foi mais um dos motivos que levou padre Jorjão, em 1998, com a doçura da sua voz, a desafiá-lo a criar um grupo de oração para os jovens, o Fogo no Espírito Santo, na igreja da Nossa Senhora da Paz em Ipanema. Guido sentiu-se lisonjeado com o convite, mas ele estava no último ano de medicina, o ano do internato. Era uma decisão difícil. Tinha que maturá-la em oração. Um dia, no seu quarto, após rezar, se concentrou nos livros de estudo; os exames finais estavam próximos. De repente, teve um sobressalto, a voz do Senhor estava falando ao seu coração: "Vai formar o grupo de oração que da tua medicina cuido Eu." Foi o sinal de que precisava para aceitar o convite do padre Jorjão, reforçando que era da vontade de Deus, vontade a que ele queria muito obedecer. Desde o princípio, o grupo foi rapidamente abarrotando de jovens a igreja da Nossa Senhora da Paz – entre eles Dudu, Maurício, Cambeto –, que era incendiada pelo fogo do Espírito Santo, que irradiava e trespassava os corações de todos os que participavam.

Nessa época, Guido fez prova para a residência médica e foi aprovado em três hospitais: o Miguel Couto, o da Aeronáutica e o da Santa Casa. O pai aconselhou-o a ir para o Hospital da Aeronáutica porque, além de ter mais recursos, o salário dos militares seria mais constante e sem atrasos. Ele respondeu ao pai que gostava muito dos professores e do ambiente da Santa Casa. Na realidade, o seu coração fora tocado pelo sopro do Espírito Santo e já se sentia impelido a estar junto dos mais pobres e desfavorecidos.

Quando iniciou a sua residência, o chefe do corpo clínico das quarta e vigésima enfermarias era o conceituado professor Clementino Fraga Filho. Para o professor, ter Guido na sua equipe era como adquirir um cobiçado goleador. Ele destacava-se pela atenção que dispensava aos professores e aos doentes. "Além da sua sede de aprender, da sua competência, ele punha muito cuidado em cada doente, os consultava com doçura, cordialidade, temperança, caridade e um tremendo sentido de justiça", explica Clementino. A tal luz começava a iluminar as duas enfermarias em que Guido trabalhava na Santa Casa. Desde o princípio de sua residência, o Hospital da Santa Casa foi muito importante para Guido, sua "menina dos olhos", e vai acompanhá-lo para sempre em muitos momentos de sua vida.

VII

Namoro santo

NO FIM DO ANO DE 1990, Guido se dividia entre a Santa Casa e coordenava o grupo de oração da Renovação Carismática, que continuava a reunir e empolgar no fogo do Espírito Santo centenas de jovens do Rio de Janeiro. Contam os amigos que, depois do louvor e dos cânticos, Guido – sabendo que estava pregando para uma maioria de jovens – ia direto ao assunto: era preciso procurar a castidade até o dia do casamento. A ideia era buscar um namoro santo. Era um tema delicado e polêmico, mas ele falava sobre isso sempre baseado na palavra de Deus: "Como poderá o jovem manter puro o seu caminho?", do Salmo 118. O jovem, segundo Guido, podia manter puro seu caminho bebendo e vivendo da palavra de Deus. A melhor maneira era deixar que ela penetrasse no coração, abrindo-o à presença do Espírito Santo e deixando que ele agisse na vida amorosa do casal. Assim, ele prepararia os dois na pureza de sentimentos para um momento único.

Guido não apoiava uma visão careta de que o namoro devia ser casto por uma questão puramente moral, por uma regra, porque o sexo era uma coisa ruim ou porque era pecado. Num tom inspirado, ele arrebatava os jovens para um desafio, muito difícil, claro, mas que, segundo ele, proporcionaria uma felicidade plena. A união carnal de mulher e homem era um momento de alcançar uma plena comunhão em Deus. Então, era a confiança incomensurável em Deus que ajudaria a manter a vida amorosa do casal. Isso proporcionava um prazer que ia muito para além do amor humano, puramente carnal; era uma união numa só carne e espírito que tinha já um sabor do céu.

Guido tinha algum conhecimento do mundo e do espírito e sabia como a relação baseada nas sensações do mundo, por mais que atingisse a intensidade da paixão, acabava por ruir, desmoronar, abrindo feridas inconsoláveis em corações tão sensíveis. Neste caso, ele não fazia distinção entre homem e mulher; não era o caso de que só o homem podia ter experiências e a mulher não. Ambos eram feitos à semelhança de Deus e se completavam e encaixavam, seus corpos tinham um toque sagrado, eram templos de Deus. E ambos partiam em pé de igualdade para essa aventura conjugal que buscava o perfume divino. Se o casal conseguisse se guardar para o dia do casamento, era possível vencer o campeonato do amor como um atleta que se preparava para ganhar uma medalha olímpica. A história dos grandes feitos está cheia de renúncias, sacrifícios, abstinência.

Guido, por experiência própria, sabia o quanto era difícil ser casto. Mas, ele mesmo vivenciara que, com a ajuda de Nossa Senhora, do terço e da oração, era possível dominar as paixões e alcançar algo mais sublime.

Muitos jovens se sensibilizavam com as palavras de Guido. Cambeto, por exemplo, guardou durante muitos anos a castidade para um momento especial. Só que para outros jovens a pregação era demasiado radical, o que fez com que se afastassem do grupo de oração. Mais uma vez, foi o fato de Guido estar crescendo no conhecimento da palavra de Deus que fez com que ele não desanimasse com a deserção de algumas pessoas do grupo. Guido não tinha nenhuma dúvida de que Jesus era o pão da vida e de que quem crê Nele nunca mais teria sede nem fome. Dos que viram milagres como a multiplicação dos pães, ficaram escandalizados quando Jesus lhes disse que era o pão da vida, uma parte virou as costas e deixou de andar com Ele.

Inspirado em Jesus, Guido continuou a pregar sobre a castidade. Ana Luisa, uma jovem publicitária com um olhar expressivo, aproximou-se de Guido quando este já era seminarista e criou com ele um grupo de oração para jovens. Rezavam na praia onde Guido ensinou também muitos a surfarem. E ela conta que, no meio daquele ambiente bem descontraído, Guido, de um jeito muito especial, falava de castidade. Falava de um modo fascinante sobre isso para aqueles que iam se casar e pedia a eles para levarem para suas vidas este desafio. E, a partir dele, fazer do casamento algo diferente, extraordinário, único.

VIII

Vocação

Guido, ao começar a residência, optou pela medicina geral como especialidade. Porque via o ser humano como um grande sofredor. Ele causava espanto no pessoal da equipe médica que o rodeava, porque para ele a medicina tinha que ser mais do que uma disciplina mecânica e científica. Tinha que ter calor humano, o amor de Deus. Foi nessa busca de ser um médico do corpo e da alma que participou de um retiro da Canção Nova com o padre Jonas Abib. Em várias oportunidades, referiu-se às palavras deste padre carismático que o marcaram para sempre: "Não desviai o vosso olhar do pobre."

Quantas vezes, sentiu-se culpado, por mais que tivesse a intenção de curar o mais injustiçado, tinha desviado o olhar do pobre. Uma semana depois do retiro, estava na Santa Casa tomando seu lanche quando reparou em um grupo de irmãs da caridade com os seus hábitos inconfundíveis. Elas tinham vindo visitar a irmã Germaine, que sofrera uma cirurgia da tireoide. Ele rapidamente abordou-as. Não sabia se elas eram do Rio de Janeiro e imediatamente perguntou:

– Irmãs, vocês moram onde?

– Aqui, próximo à Lapa.

– Gostaria muito de oferecer os meus serviços.

– É só aparecer lá, doutor.

A presença inesperada das irmãs afirmava o sinal que Deus deu com a frase "Não desviais o olhar dos pobres". No dia seguinte já estava com elas cuidando dos moradores de rua.

Muitos dos jovens do grupo de oração Fogo no Espírito acompanhavam Guido nessas ações de rua. Há incontáveis histórias que testemunham a sua temperança, paciência e bondade com os mais miseráveis. Maurício conta que ele descia com as irmãs da caridade para a região da Lapa e circulava em zonas de prostituição, de marginalidade, e, anoitecendo, o clima ficava meio soturno, risco de assalto, violência e briga. E ele, com as irmãs, socorria mendigos que saíam dessas brigas feridos. Juntos, lavavam as feridas desses doentes com álcool. Eles, muitas vezes reagiam agressivamente, insultando, seja por estarem drogados ou alcoolizados. Guido tinha muita paciência, não se alterava, perguntava o nome de cada um, preocupava-se com a vida deles, fazia com que se sentissem gente. Muitos, depois das feridas curadas, se tornavam seus amigos. Passava a tratá-los, carinhosamente pelos seus nomes e, para eles, se transformava em "meu médico".

Uma vez atendeu um mendigo, limpou suas feridas, tirou verme por verme e, enquanto fazia isso, falava de Jesus ao pobre homem. Por fim, o mendigo agradeceu dizendo:

"Agora eu conheço Jesus. Antes já tinham me falado sobre Ele, mas agora eu conheço pelo que o senhor fez e falou." Numa noite fria e chuvosa tirou o seu casaco de couro caro, que tinha ganho da mãe, e deu ao irmão de rua, ficando só de camiseta. Sentiu o calor do Espírito Santo ao conseguir aquecer o Cristo que sofria naquele homem atacado pela miséria. O seu irmão Maurício lembra, rindo, que Guido dava toda a roupa que tinha, "no meio ia a minha, também".

No ano 2000, sua amiga Ana Barros deu-lhe o livro *Irmão de Assis*, de Inácio de Larranaga. Como ele sentiu paz no seu coração, impressionava-se com o despojamento e o amor de São Francisco pelos pobres e por todos. E o segundo passo, além desse despojamento na pobreza, era a liberdade de pregar o Evangelho. Como ele queria ser livre para pregar o Evangelho! Ser como São Francisco, que podia mergulhar no mar de Deus, no oceano da fé.

Esse mesmo mar que quando Deus fez o seu chamado vocacional se transformou num vendaval. A voz de Deus lhe dizia para fechar o livro de medicina e ir fundo na leitura do *Irmão de Assis*. Guido se angustiava: "O que queres de mim, Senhor?" Quando escutou claramente a voz de Deus dizendo: "Levanta-te e serás sacerdote da Minha Igreja." Aquele chamado penetrou nele profundamente. Era como se os ventos e ondas da sua vida, que assobiavam, se acalmassem.

Esta etapa foi crucial na vida de Guido, logo a tempestade e as ondas revoltas estavam retornando. Foi uma fase da sua vida de onda grande, de conflito, de dúvida. Guido tinha uma noiva, um namoro cristão, uma menina de cabelos lisos que emolduravam amorosamente um rosto bonito de olhos castanhos, nariz arrebitado, lábios finos, um sorriso querido. Ela cantava e louvava com ele no grupo de Fogo no Espírito. Partilhavam a mesma fé e juntos tinham muitos sonhos. A sua noiva era de uma família católica que tinha padre e bispo. Era dentista (já tinha terminado curso de odontologia e exercia medicina dentária). Acompanhava Guido no atendimento dos irmãos de rua. Ela e seu pai fizeram juntos a campanha do "sorriso feliz", que montou uma clínica dentária para mendigos.

Dentro do grupo de oração Fogo no Espírito todos se comoviam e se entusiasmavam ao verem tantos jovens e casais que transformavam suas vidas pela ação poderosa do Espírito Santo. Guido e a namorada pareciam caminhar para o mesmo lugar. Frequentavam festas das respectivas famílias, juntos foram ao aniversário da filha mais velha da Angela. Nazareth, Dr. Guido, Maurício gostavam muito dela. Formavam um casal perfeito, um retrato bonito de se ver. O casamento estava marcado para o dia de Nossa Senhora Aparecida. Mas veio o chamado, Guido rompeu o noivado. No meio de tão forte apelo de Deus, o mar de certezas entrava em convulsão.

A moça sentiu uma tristeza profunda; não entendeu, eles tinham tudo para dar certo. Até essa incomensurável cumplicidade que é Deus. Nazareth também não estava conformada com a decisão e dizia:

– Você como médico, com essa vocação, já faz tanto bem a muita gente, aos pobres dos quais você cuida, tem o grupo de oração que arrasta tantos jovens e tem a sua noiva que te ama muito. Você pode ser o exemplo de família cristã e como leigo já faz tantas coisas que um padre faz, prega, reza, faz quase tudo.

– Mas eu quero tudo, eu quero ir para o fundo – respondia Guido com convicção.

– É isso, mas pensa bem, filho. Você não foi rico, milionário, mas está acostumado a um ar-condicionado e não vai ter essas regalias todas – argumentou Nazareth.

– Eu sei, mamãe, mas se Jesus se faz infinitamente mais pobre por mim, por que é que eu não posso empobrecer por ele?

Os argumentos de Nazareth começavam a esmorecer, mesmo que ela desejasse muito que esse casamento desse certo. Apesar disso, Guido não se libertou imediatamente do conflito interior. Foi alvo das mais diversas tentações. Silvana, médica dermatologista e companheira de trabalho na Santa Casa e com moradores de rua, não entendia a opção do Guido e repetia: "A tua noiva é uma menina bonita, ligada às questões religiosas em que você tanto acredita. Você está trabalhando na clínica Lemgruber, no Humaitá, tem até professor convidando você para ser médico no hospital São Vicente de Paulo. E ainda essa superchance de fazer pré e pós-operatório para Dr. Pitanguy, além da chance de ser professor na Gama Filho!" Guido lhe respondeu: "Não quero ser como o jovem rico do Evangelho." Silvana não desarmou: "Mas você não é, você inclusive deu um dos poucos bens materiais que lhe restavam, o seu diploma de médico, para Jesus, e a sua noiva entende esse seu despojamento. Escuta, você pode ser médico-missionário."

Guido ainda tinha essa tentação carnal de ter esposa, além de compaixão pelo sofrimento da sua noiva. Mas aquela voz cristalina do Senhor repetia: "Levanta-te, serás sacerdote para a Minha Igreja." Era como um ímã que lhe amarrava sua alma. Ele, então, disse à noiva, à mãe, a todos, até aos que o chamavam de louco: "Eu quero me entregar integralmente a Deus e não quero me preocupar com mais nada além de Jesus e os irmãos." A noiva, entre lágrimas, transformando o seu tom de voz tranquilo em tom de desespero, implorava a ele dizendo que aquela decisão estava levando uma parte do coração dela. Eles tinham casamento marcado, tantos projetos. Mas era o próprio Jesus, o mestre dos mestres, o filho de Deus que afirmara "Quem olha para trás depois de pegar no arado, não está apto para o Reino de Deus" e também seguia o percurso de São Francisco, o seu santo inspirador. "Preciso me desprender de tudo e todos, para amar tudo e todos."

A noiva, afogada em seu desgosto, abraçava-se a Nazareth e, numa tentativa de se conformar, dizia: "Se for para Jesus, eu tenho que aceitar, né?" Mas a verdade é que ela não conseguiu. A sua fé e a sua entrega lhe diziam que ela não podia ter ciúme de Jesus, mas o seu coração carnal sangrava e a desolação tomava conta dela. Era muito doloroso aceitar que Deus tinha chamado o seu noivo para uma coisa maior. Padre Jorjão testemunhou como Guido teve que deixar de frequentar o grupo de oração Fogo no Espírito, em parte para não encontrar aquela que ele tanto respeitava e queria bem e que fora sua noiva. Guido fez uma grande ruptura com tudo o que desviasse da sua vocação. E mergulhou fundo, fundo, no mar de Deus e foi ficando mais pleno do Espírito Santo, foi ficando até decidir-se pelo sacerdócio.

IX

Seminarista e popular

QUANDO ENTROU PARA O SEMINÁRIO Maior de São José, em 2008, Guido raramente surfava. Mas decidiu voltar a fazê-lo na despedida de solteiro do seu irmão Maurício. Lá estavam os inseparáveis Cambeto e Dudu. Nas poucas horas livres que tinha, se o fizesse bem cedinho, podia escapar e surfar antes de entrar no seminário. Aí, Guido ia encontrar a turma da praia e dava para ver como ele era popular e querido no seu quarteirão em Copacabana. Não era difícil imaginá-lo correndo, carregando a prancha, porque, quando não estava em oração, era um cara sempre em movimento. E então, com a mão que não segurava a prancha, acenava e retribuía os cumprimentos do pessoal. Eram amigos da turma "que saía para a balada", que mantinham a amizade e o respeito por ele. Todos falavam com ele: do homem da banca de jornais ao cara do jogo do bicho, que gritava um afetuoso "Guidinho, tudo maneiro?". O porteiro do prédio, Antônio, que ele carinhosamente chamava de Merica, sempre o abraçava. Para Merica, Guido era o personagem mais popular do bairro e tinha feito coisas por ele que ninguém mais fez. Era eternamente grato ao rapaz por isso.

O apartamento onde vivia com os pais, na Domingos Ferreira, era daquele típico dos anos 1950, bastante espaçoso. No seu quarto, que partilhara com Maurício, era visível o contraste, o surfista virava seminarista. Ali estavam espalhadas fotos de madre Teresa de Calcutá, padre Pio, papa João Paulo II e inúmeras pagelas de santos. Era um verdadeiro santuário. Depois da ducha, vestia sua batina de seminarista, colocava em volta do pescoço o escapulário, já gasto, que sempre deixava no quarto antes de ir surfar para não perder.

Na sacola que levava para passar o dia não esquecia de botar o estetoscópio. Sempre que se despedia do quarto olhava para o pôster onde estava escrito "Estreita é a porta e apertado o caminho que levará ao reino dos céus, muitos tentarão, mas poucos conseguirão", a sua passagem preferida da Bíblia. Na cozinha, Alcemira, a senhora que trabalhava com a família há alguns anos, o esperava sempre com um apetitoso café da manhã. Sabia que no seminário os mimos eram escassos. Guido dava um beijo na testa dela, elogiava a refeição e agradecia carinhosamente. Nazareth, com seu rosto sereno, estava sempre presente:

– Come, filho.

Para Nazareth, os cuidados e preocupações de mãe nunca eram exageros. Não insistia em dar carona para o filho, porque sabia que ele recusava. Guido sempre pegava ônibus. O desprendimento dele com as coisas materiais não era fogo de palha, ela percebia, com surpresa, que era uma forma de liberdade para seu filho.

Guido despedia-se sempre da mãe com um terno abraço. Muitas vezes, pegava um chocolate Diamante Negro e dizia sorrindo:

– Esta penitência ainda não estou conseguindo fazer.

Havia sempre um vazio no coração de Nazareth quando se separava do seu filho. Ia até o quarto dele. Talvez, se ele fosse um pouco mais desleixado, a arrumação fosse álibi para se ocupar mais das coisas do filho. Ajeitava a imagem de Nossa Senhora de Fátima, que tinha mais destaque entre todas. Curioso, esta foi a única que ele comprou, as outras todas que estavam no quarto foram presentes. Como podia se esquecer dessa ida a Fátima? Foi lá que Guido, no ano 2000, tinha se decidido pelo sacerdócio. E nesse ano de 2009 ela tinha toda a fé e convicção de que o seu filho ia ser ordenado e luz de uma igreja renovada.

Guido curtia andar de ônibus no meio do caos do tráfego da cidade. Era nessa viagem que ele cruzava com aquele povo humilde, simples, com vidas tão sofridas que precisavam com urgência do consolo de Deus através da caridade dos homens. Olhava para todos, olhos nos olhos, e, com um sorriso, invocava o Espírito Santo sobre eles. Descia, enérgico do ônibus, indiferente às buzinadas e ao cheiro da poluição, e entrava no edifício do seminário de coração cheio.

Pela manhã, bem cedo, todos juntos rezavam as laudes e participavam da missa. Depois, por volta das 7h, havia café da manhã simples, como leite, quando havia, pão e frutas. Às 7h20 começava a rotina da faculdade com as aulas de teologia e sobre temas tão diversos como a exegese, a cristologia, a história da Igreja, a antropologia teológica, os sacramentos e o direito canônico. Na parte da tarde, depois de um almoço frugal - com arroz, feijão, carne ou frango -, tinham um momento de descanso. Às 15h15 começava a aula de educação física e, para Guido, uma boa condição física era importante para o equilíbrio espiritual. Tomavam um banho. Todos iam para a capela às 17h30 e faziam a oração das vésperas. Às 18h30 jantavam o básico, e uma hora depois tinham a oficina de estudos (ScholaCantorum) que consistia na formação pessoal, direção espiritual, estudos dirigidos, e também período para devoções pessoais, movimento mariano, renovação carismática e outros tipos de espiritualidade particular. Às 21h voltavam para a capela, onde faziam a oração da noite conforme a liturgia das horas. E às 22h em ponto se recolhiam. Era um dia bem preenchido. Independentemente do dia a dia no seminário, também era marcado por atividades pastorais de liderança e evangelização.

No seminário, dois aspectos marcaram aqueles que conviveram com ele. O primeiro era o fato de ele ser médico. Ele estava sempre disponível para atender os seminaristas e suas queixas de saúde. Resolveu alguns casos complicados. O fato de tê-lo lá dentro dava um enorme conforto e segurança aos seminaristas. Encaminhou muitos deles para o Hospital Geral da Santa Casa, onde trabalhava e dividia pelas especialidades que fossem necessárias. Criou uma ficha médica para cada um dos colegas.

O outro aspeto era o tempo que ele dedicava à oração. Muitos companheiros lembram de um Guido proativo, sempre em movimento. Mas a sua componente contemplativa e mística era impressionante.

Uma das pessoas que conviveu bastante no seminário com os momentos de oração de Guido foi padre Fábio, hoje chefe de gabinete do arcebispo do Rio de Janeiro, Dom Orani. Ele era um dos diretores espirituais e dormia no sexto andar do edifício e estava incumbido de apagar as luzes que ficavam acesas depois do toque de recolher. A capela ficava no segundo andar. E enquanto todo mundo dormia, Guido ficava ali em oração, ajoelhado, diante do Sacrário. Nas primeiras vezes que foi apagar a luz, mal o viu, só quando Guido se levantou para se recolher aos seus aposentos. Sorri ao relembrar das muitas vezes em que adormeceu enquanto Guido rezava. E havia sempre uma preocupação naquele jovem médico seminarista em saber se estava tudo bem com o padre Fábio, se não estava abusando do seu tempo de sono. "Ele rezava pra caramba!", lembra. Padre Bruno, prefeito do Seminário, fazia questão de ser o primeiro a chegar de manhã à capela. Só que nunca conseguiu, quando entrava, Guido já estava lá.

Guido, no silêncio de suas orações, escutava Deus. Nos pensamentos que escrevia frequentemente no seu diário, estes encontros estão explicitados. Ele também pregava em grupos de oração nos fins de semana. E era por meio da oração profunda que, no seu coração, escutava os recados do Senhor. A capela do Seminário era o palco de suas conversas.

Guido era da geração em que se dizia a um cantor "Vi a tua música". As imagens brotavam naturalmente na sua mente. Realmente a visão de Jesus que a mãe testemunhara foi um dos sinais de Deus mais profundos da sua vida. Tendo o Sacrário como pano de fundo, relembrava outro momento. Num retiro, quando tinha 19 anos, recebeu um conjunto de rosas de um anjo do Senhor. E foi como se escutasse o Senhor dizendo: "Este é o sinal do Meu amor por ti." E aos 26 anos, quando estava rezando, escutou novamente a voz do Senhor: "Levanta-te, porque serás sacerdote da Minha Igreja." Olhava a imagem de Jesus e via raios de luz saindo dos olhos dela. Jesus completava: "Eu sou a chama viva do amor; quanto mais próximo de Mim, você ficará mais cheio do fogo do Espírito Santo. Porém há um limite que só será rompido com a morte, pois a alma unida ao corpo suporta esta chama até um limite." Jesus continuava: "O Espírito Santo falará através de ti, o imenso amor do Espírito Santo será derramado sobre todos aqueles a quem puseres as mãos..."

X

Crescer em humildade

GUIDO PREGAVA EM UM GRUPO de oração numa paróquia do Rio de Janeiro. Antes, sempre se recolhia, em oração, na capela do Seminário. E, com certeza, nesse momento de oração, estava sempre bem presente no seu coração as palavras que o Senhor lhe dirigiu conforme o seu diário: "Hoje recebes uma porção dobrada do Meu Espírito para que inflamado por Ele pregues com desassombro e coragem."

Guido ficou inflamado pela chama do Espírito Santo, e uma senhora aos prantos contou que o sobrinho estava desaparecido há três meses. Ele impôs as mãos sobre a cabeça da senhora e rezou por ela profetizando com alegria que o sobrinho iria aparecer. E seria recebido com um banquete semelhante àquele dado ao filho pródigo quando voltou para a casa do Pai. E foi impondo as mãos a todos que estavam ali louvando ao Senhor. E todos repousaram no Espírito.

A irmã Caritas também participou bastante da vida espiritual de Guido; ela pertence à ordem Missionárias da Caridade, fundada por madre Teresa de Calcutá. Em 2004, a irmã foi enviada de Salvador para a casa na Lapa no Rio de Janeiro. Logo que chegou, as companheiras contaram dos médicos voluntários que cuidavam dos moradores de rua. Reforçaram que havia um médico que era especial, seminarista, que tinha rompido um noivado para ser padre. Numa sexta-feira, dia em que os moradores de rua tomavam o seu banho, ela escutou baterem à porta – o convento não tinha campainha. Quando olhou o rapaz que estava do lado de fora, não teve dúvida de que era Guido. Com o seu sorriso largo e tom de voz quente e acolhedor perguntou:

– É o senhor o famoso Dr. Guido?

Ele esboçou um leve sorriso:

– Famoso? Não sei! Mas sou o Dr. Guido.

Era um jovem de estatura média, bonito, com um olhar penetrante que irradiava uma pureza e uma luz únicas. Era impossível ficar indiferente ao rapaz. Houve logo uma grande afinidade entre ambos. Depois, não se surpreendeu com a maneira como ele tratava de cada um daqueles seres humanos que viviam a miséria física e espiritual. Cuidava, sem preconceitos, das feridas do corpo e da alma daquelas pessoas. Viu muitas vezes aqueles irmãos de rua saírem do consultório do Dr. Guido com lágrimas nos olhos. Era o testemunho vivo do amor ao próximo, o ideal pela qual a madre Teresa lutara para fundar a ordem. Como era gostoso falar de Deus com Guido. Deus inundara aquele rapaz de dons e carisma.

Pouco tempo depois de nascer esta amizade tão sólida, Guido rezou pela irmã e profetizou que, em breve, ela se tornaria superiora na Lapa. A irmã Caritas comentou que era impossível, Deus não podia fazer isso com ela. Já fora superiora em Salvador durante três anos. Agora, segundo as regras, deveria ficar um ano pelo menos como irmã simples, por motivos de descanso e humildade. Ficou em estado de choque quando a irmã provincial, pouco tempo depois, chamou-a para ser superiora, confirmando a profecia. E Guido com seu sorriso cativante lhe disse: "Eu não te falei, irmã?"

No dia seguinte àquela pregação em que profetizou o aparecimento do jovem desaparecido, ele estava novamente ali diante da irmã Caritas, mas agora na casa da filial dois, em Bonsucesso, na Av. Brasil, para onde fora transferida, também como superiora. O rapaz trazia uma inesperada expressão triste. Ela só se lembrava de o ver naquela aflição quando Eloir desaparecera.

Eloir era um irmão de rua. Os irmãos de rua não são bandidos. Bandido tem casa. Mas carregam muitas feridas, amargura, traumas e violência. Terminam vivendo sem dignidade na rua seja pela mulher que trai, pelo filho que perdem, pelo sexo, jogo, bebida ou drogas. Entre esses irmãos de rua havia alguns por malefícios, um trabalho que a própria família fazia para prejudicar a pessoa, bebidas deixadas nas encruzilhadas das ruas e que eles tomavam, estes vinham possuídos pelo maligno. Incrível, quando se deparavam com Guido, ficavam perturbados e se manifestavam como os possessos na presença Jesus. Pela primeira vez na vida a irmã presenciou o combate entre as trevas e a luz. E ela nem acreditava nisso.

E, como Jesus tinha feito um chicote de cordas para expulsar os vendilhões do templo, Guido, após profunda oração, recebeu de Jesus a corda da obediência ao Evangelho, a corda da pureza, a corda da humildade, a corda da castidade e a corda da pobreza. Escutando a Sua Palavra, com o poder do Espírito Santo, Guido foi trançando essas cordas e formou um "chicote", que pelo poder da Palavra de Deus derrubava a ação do inimigo.

Então Guido, com essa força – ele a quem sem dúvida, foi conferido o ministério de libertação e cura –, com calma, dizia às irmãs, por favor, para trazerem água benta. Os encaminhava para a capela. Caritas, assustada, mas com ajuda de uma outra irmã, dava apoio ao exorcismo que o Guido realizava. Uma vez uma senhora de rua mudou a voz e ficou com mãos de lobo. Aterrorizante. Por vezes eram combates bem demorados. Rezando em línguas e em nome de Jesus se dava a libertação e ele os mandava para a igreja, se confessar, comungar. O discernimento daquele médico seminarista que estava ali diante dela era tal, que distinguia perfeitamente quando as perturbações eram do maligno ou psíquicas devido às condições em que viviam. Mandou muitos para o psiquiatra. Esse dom do exorcismo, mesmo que a sua ação fosse por reação e não por iniciativa sua, lhe criava muitos conflitos interiores porque ele não era padre, não tinha permissão. Esta era uma das fortes razões da sua urgência em ser sacerdote. Porque ele se sentia verdadeiramente recompensado em ver a beleza de Deus na expressão de um rosto que foi libertado do demônio.

Eloir foi um dos casos que ele ajudou a liberar das forças das trevas em nome de Nosso Senhor Jesus Cristo. O morador de rua passou a participar das ações na igreja. Era uma ovelha redimida. Um dia, chegou a notícia que ele voltara às drogas e desaparecera, ninguém sabia mais por onde andava. Guido vasculhou o Rio de Janeiro de uma ponta à outra em busca de Eloir. Seguindo à risca a passagem do Evangelho sobre a ovelha perdida. A irmã trouxe um copo de água e perguntou:

– Que cara é essa, doutor? Só o vi assim quando o Eloir sumiu.

– Ontem à noite fui pregar e rezar num grupo de oração...

– Pois não...

– Uma senhora estava desesperada porque o sobrinho desaparecera há três meses...

– E não apareceu, por isso você está triste?

– O rapaz apareceu hoje de manhã, e a tia já me comunicou.

– Aleluia!... Isso é motivo de festa, e não de tristeza.

– Essa é uma alegria que me enche o coração.

– Louvado seja Nosso Senhor Jesus Cristo... Mas, então, por que essa cara?

– Depois rezei por todos e ficaram no repouso do Espírito.

– Graças a Deus.

– Só que o pároco...

A irmã deu uma risada.

– Viu todo mundo no chão... estou vendo... Ele também queria que você tivesse rezado por ele?

– Ele não viu, foi um paroquiano que lhe contou.

– E então?

– O pároco chegou à conclusão de que era histeria coletiva.

– Poderia até ser, ele não conhece você.

– Me proibiu de rezar na igreja e foi fazer uma queixa de mim.

– Puxa...

– Eu não podia evitar que as pessoas caíssem no chão...

– Essas incompreensões fazem parte da vida de um discípulo de Jesus, Dr. Guido. Vai ver que é bom para crescer na humildade. De repente o Senhor está querendo que você cresça um pouco mais nessa virtude.

Após uma curta pausa respondeu com a docilidade de uma criança:

– Vai ver que é isso mesmo, irmã.

A irmã Caritas completou:

– Ou pode ser que o padre tenha se assustado.

Com o seu sorriso encantador, Guido confirmou:

– Deve ter sido isso mesmo. Na próxima vez, vou tentar ter mais cuidado.

Como era bom para ele partilhar as suas experiências sobre Deus com a irmã Caritas.

XI

A agonia

No Seminário, o padre Célio, orientador espiritual, um homem compreensivo e simpático, dirigiu-se para onde estava Guido, depois de cruzar com alguns seminaristas que sorriam e seguravam os seus livros. Padre Célio passou o braço pelo ombro de Guido e, falando pausadamente, comunicou-o, com pesar, que não estava na lista dos seminaristas que iam ser ordenados. Ser padre era um sonho que arrebatava a alma do rapaz. Era um percurso que durara cerca de oito anos. Aquela notícia era, com certeza, como uma flecha que traspassava o coração de Guido. Ele foi interiorizando tudo o que lhe era comunicado fazendo um esforço para não deixar transparecer as suas emoções. Comportou-se como um soldado que, em silêncio, ouve as ordens da batalha. Só pediu ao orientador espiritual do Seminário de São José que lhe expusesse o Santíssimo Sacramento (é exposição numa custódia do corpo Eucarístico de Jesus), queria se ajoelhar diante Dele.

Na capela, de joelhos diante do Santíssimo, a sua alma, carregada de mágoa e de decepção, com certeza virou um mar revolto. Guido tinha, como já sabemos, uma ligação privilegiada com o mar através do surfe. O mar e a água serviram muitas vezes como metáforas para várias das situações em que viveu. Ele repetia muitas vezes que Jesus Cristo foi o primeiro surfista: "Afinal, Ele andou sobre as águas." O irmão de Assis, São Francisco, comparava a fé a um oceano de amor no qual é necessário mergulhar cada vez mais e mais fundo. Ali, ele sentiu intensamente a violência do vendaval provocado pelo que o orientador espiritual tinha acabado de comunicar. Sentia o gemido das velas dos barcos à deriva, suas mãos suavam.

Na mesma época, escreveu no seu diário: "Enganam-se aqueles que pensam que o seminarista não é alvo da tentação." E estando ele nesta agonia, tendo a sua vocação posta em causa, era um alvo fácil da tentação, sobretudo da tentação pelo desânimo. Se não tivesse entrado no seminário, Guido seria, sem dúvida, naquele momento, um cara muito bem-sucedido, com um casamento cristão, filhos maravilhosos e com sucesso profissional. Ele que foi convidado para exercer clínica privada, no Centro Médico Lemgruber, a fazer pós-operatório para o Dr. Pitanguy e também teve a chance de ser professor na Universidade Gama Filho. Tinha tudo para ser um médico famoso, católico.

Mas ali, diante do Santíssimo, em grande sofrimento, ele não punha a sua vocação em causa, não se deixava dominar pelo desânimo. Olhava com todo o amor o Senhor Sacramentado e pensava: "Mas como não vou ser ordenado, se sinto no meu coração este desejo ardente de celebrar a minha primeira missa? Senhor, como vou ter que esperar, se há tanto para fazer pelos enfermos da Santa Casa? O que farei estudando tanta teologia, enquanto os doentes, os irmãos de rua, os pobres, os pecadores, estão famintos da Palavra de Deus? Tenho urgência em ser sacerdote para levar o amor de Cristo aos irmãos através dos Sacramentos, mas nada poderei fazer estando preso aos estudos do seminário. Quantas almas irão morrer sem uma palavra, sem estarem preparadas para encontrarem Deus face a face. Oh, Senhor, sei como Tu tens pressa. Acredito na Tua intervenção divina para que possa começar o ano que vem trabalhando como padre na Santa Casa. Alguns colegas prometeram me seguir. Juntos levaremos o Teu amor aos mais miseráveis dos miseráveis, como fez a santa madre Teresa de Calcutá. Depois, muitos outros virão como no tempo do grupo Fogo no Espírito Santo. E, Senhor, Você também sabe como quero Te levar aos médicos e profissionais que tanto precisam do Teu amor e do poder do Teu Espírito Santo."

Guido recordava-se das palavras que Jesus uma vez lhe dirigiu, elas também estão documentadas em seu diário: "Uma vez que te resgatei das obras das trevas devereis ir aos pecadores para anunciar a Minha palavra e a Minha misericórdia. Eu sou sua fortaleza e lhe sustentarei em todos os seus caminhos. Colocarei palavras de fogo na sua boca. Vigiai na oração para que o inimigo não te tente pelo desânimo". Guido se prostrou no chão. Agora que estava em comunhão com Deus, os ventos da sua alma amansavam. No horizonte, permanecia o sorriso de Jesus. Por mais que a notícia que recebera deixasse o seu coração em agonia, a sua alma era agora um mar tranquilo, com ondas perfeitas onde ele podia surfar encharcado do amor de Deus. E com fé e confiança iria pedir orações para que fosse ordenado nesse ano de 2009, porque tinha grande urgência em ser padre. Mais uma vez, o seu destino estava entregue nas mãos de Deus.

XII

Ordenação

No ano de 2009, logo depois de passar a agonia de Guido, Alcemira servia café e uns biscoitos. Na sala do apartamento da família Schäffer numa rua paralela à Avenida Atlântica destacava-se uma bela imagem de Nossa Senhora do Carmo. As cômodas tinham fotos de família em molduras de prata. Guido sempre achou uma graça a foto onde estavam as trigêmeas da Angela, sua irmã mais velha. Nazareth estava particularmente entusiasmada, recordava-se de como caprichou nas roupas para os casamentos de Maurício e Angela como comprovavam as fotos que se espalhavam pela sala. Ela pousava com carinho sua mão na de Guido.

– Você lembra o vestido de noiva que sua irmã Angela estava no altar?

– Como podia esquecer, mamãe, era lindo.

– E o Maurício no dia de casamento dele?

– Meu irmão parecia um príncipe – Guido sorria.

– Pois, escuta filho, estou pensando em mandar vir de Roma as suas vestes para a ordenação sacerdotal.

Houve um silêncio. Guido não respondeu. Bebeu um gole de café.

– O que está acontecendo, filho? Eu sei como você é simples – sorri. – A melhor roupa que tem dá direto para os pobres. Mas sua ordenação é um momento tão especial, né? Jesus vai ficar contente de ver você lindo...

– Não é isso, mamãe, eu gostaria muito de vestir essas roupas que você está querendo encomendar de Roma.

– Então, filho, qual é o problema, não estou entendendo?

– Eu não vou ser logo ordenado padre.

– Isso não é possível! – revoltou-se Nazareth a esta revelação, explodia como uma bomba no seu coração. – Você está no último ano do seminário!

– Padre Célio, nosso orientador espiritual... Me comunicou que eu não vou ser ordenado.

– Mas você tem dedicado a sua vida a Deus, aos pobres, aos estudos, não é exagero nem vaidade de mãe dizer que você está mais do que preparado para ser padre!

Ela como mãe conseguia entender o sofrimento da alma do filho. Estranho como o olhar do Guido continuava a transmitir doçura, apesar do que acontecera. Apertava as mãos dele.

Este fato, que deixou Guido e a mãe tão tristes, era um desfecho inesperado dentro do percurso dele como seminarista. Quem orientou os primeiros passos de sua vocação foi Dom Romer.

Guido andou para junto da grande imagem de Nossa Senhora do Carmo, na qual tinha encontrado consolo tantas vezes. Nazareth argumentou que Guido teria que falar com Dom Romer, mas ele lembrou a mãe de que este estava em Roma e que o seu superior era o reitor Dom Hélio, a quem devia obediência e deveria acatar a decisão:

– Mamãe, segundo São Marcos, "se alguém quiser vir depois de mim, negue-se a si mesmo, tome a sua cruz e siga--me". Rejubilemos nas provações que temos que suportar na alma e no corpo para alcançarmos a vida eterna, o bem maior. E quem sabe esse é o desafio que o reitor está me lançando porque aposta forte em mim como sacerdote?

Nazareth, condoída, passou a mão pelo rosto do filho. Sabia como o Guidinho estava sofrendo, mas impressionava-a a heroicidade do filho que não tinha um lamento, nem uma palavra menos própria para ninguém, depois de saber que ainda não era esse ano que ia ser ordenado.

XIII

Dom Romer

Tive o prazer de conversar pessoalmente com Dom Romer, homem com a fisionomia típica de um suíço-alemão, um olhar agradável e acolhedor. Depois de completar os seus estudos em Munique, fez um doutorado em teologia na cidade de Roma. Foi neste momento que Dom Eugênio o convidou para ser professor de teologia em Salvador, onde era arcebispo. O bispo na Suíça, lugar onde Romer era sacerdote, permitiu. Assim, iniciou-se sua missão no Brasil. Dom Eugênio, passados sete anos, veio para o Rio de Janeiro e fez um novo convite para que Dom Romer fosse seu assessor em Teologia, e o nomeou bispo-auxiliar do Rio de Janeiro. Nunca conseguiu deixar completamente o seu sotaque germânico e tornou-se responsável pelas vocações. Até ser chamado, já no novo milênio, pelo papa João Paulo II para Roma, o número de seminaristas no Seminário Maior de São José cresceu de 12 para 140 alunos.

Foi neste meio caminho que conheceu Guido, através do padre Jorjão, da igreja Nossa Senhora da Paz, para quem Dom Romer foi fundamental na decisão de deixar de ser monge capuchinho e se tornar um carismático padre diocesano. O seu ponto de vista concordava com o de muitos que botaram os olhos pela primeira vez em Guido, ficou logo muito impressionado com aquele jovem. Principalmente pela sua simplicidade, simpatia, inteligência, grande sensibilidade humana e beleza espiritual.

Era um jovem luminoso, que rezava muito, e como Dom Romer tinha boa intuição para as novas vocações, via que Guido era um médico competente e amado. No âmbito racional, Dom Romer sabia como era importante a Igreja ter homens formados, evangelizando no meio das dores do mundo. No entanto, quando Guido, em 2000, falou do seu chamado, ele, com a experiência de um pai que lidava com uma grande variedade de jovens que se sentiam impulsionados para vida sacerdotal, disse a Guido para se dar um ano de provação, para ter certeza e chegar a tão necessária confirmação da sua fé. Passado esse ano, Dom Romer já não tinha mais dúvidas, Guido era um apóstolo de Cristo. Mas cada um dos seus filhos seminaristas era um caso único, e Guido já tinha uma obra como médico fazendo residência na Santa Casa da Misericórdia e cuidando dos irmãos de rua. Seria um desperdício para a evangelização tirá-lo desta sua missão.

Assim, decidiu com a concordância do arcebispo que Guido começaria o Seminário estudando filosofia na faculdade de filosofia e teologia do mosteiro de São Bento e mantendo o seu atendimento médico junto dos mais pobres na Santa Casa. Ao terminar os três anos de estudos de filosofia, precisamente por orientação de Dom Romer, que já estava em Roma, Guido se apresentou a Dom Eusébio Oscar Scheid, então arcebispo do Rio de Janeiro, para cursar teologia no seminário. Dom Eusébio, ao tomar conhecimento do trabalho pastoral que Guido desenvolvia junto aos doentes da Santa Casa, pediu-lhe que estudasse os dois primeiros anos de teologia no São Bento para continuar prestando este serviço tão importante para a igreja. Dom Eusébio, inclusive, se ofereceu para um dia celebrar missa aos doentes na Santa Casa, o que deixou Guido muito comovido. Só depois destes cinco anos no mosteiro de São Bento, Guido foi para o Seminário Maior de São José cursar os dois últimos anos de teologia.

XIV

Santa Casa

Guido, sempre que tinha uma brecha, ia ao Hospital da Santa Casa. Mais ainda naquele momento de sofrimento. O hospital era o lugar onde experimentava momentos de grande felicidade, era sua menina dos olhos. Desde o início, o trabalho na Santa Casa de Misericórdia era iluminado: ao entrar no majestoso edifício de arquitetura colonial, olhou como se tratasse de um bálsamo inspirador para a pintura do carismático padre missionário José Anchieta, o fundador em 1582 da instituição filantrópica, o jesuíta que estudou tupi para catequisar os índios. Andou, junto aos azulejos portugueses, pelos corredores longos e os funcionários começaram a envolvê-lo com o trabalho e suas questões. Na porta da quarta enfermaria, a magra e hiperativa enfermeira Fátima o esperava.

Sempre fora assim, diariamente, antes de Guido ficar interno no Seminário, os funcionários, doentes, irmãos de rua que eram atendidos ali o cercavam como quando Jesus chegava a um lugar em que a multidão o rodeava. Dr. Guido, sempre sorridente, ia colocando a mão no ombro ou cabeça daqueles que se aproximavam. Muitos sentiam um arrepio de paz e serenidade. Sr. Luís, um dos funcionários mais queridos do hospital, conta que, quando Guido impunha as mãos sobre sua cabeça em oração, se sentia flutuando como uma pena branca. Outros explicavam o que sentiam recorrendo à própria medicina, era como se tivessem sido anestesiados.

Fátima, que acompanhara bastante o trabalho de Guido, nunca esquecera que fora aquele jovem que a fizera se aprofundar na fé e na oração. Ele era um grande médico do corpo, mas sobretudo era um médico de almas. Ela passara a conhecer a Bíblia através do que via Guido fazer. Já sabia até de cor o Evangelho segundo São Mateus em que Jesus dizia como os médicos não vêm para curar os sãos, mas os doentes, e de como Ele não tinha vindo para salvar os justos, mas os pecadores. O Dr. Guido lhe dizia que via a igreja como uma grande enfermaria com muitas doenças e o grande médico era Jesus. "Dr. Guido nunca julgava ninguém, debruçava-se sobre o leito do doente e o ouvia. Sabia como um doente em sua fragilidade gostava de ser escutado." Quantas vezes a receita era apenas um salmo, uma passagem da palavra de Deus. A saída era, sobretudo, a palavra certa para uma alma que sofria mais que o corpo. Ela testemunhou curas que medicamente estavam no limite do inexplicável. Isso fazia com que muita gente viesse à Santa Casa procurar aquele médico-seminarista.

Mas uma das situações que mais tocaram a enfermeira foi quando Guido, naquele seu jeito muito atencioso e cuidadoso com o doente, aproximou-se de uma das camas da enfermaria. A paciente estava muito abatida, apática. Ele ficou um bom tempo conversando com ela, e a moça não tinha nenhuma reação. Guido percebeu, então, que algo de muito estranho se passava com a paciente. Então, rezando lhe foi revelado em espírito que a doente tinha feito um aborto. Ele se encheu de coragem e com muita delicadeza disse: "Olhe, Jesus está falando comigo que você fez um aborto." Logo, ela desmanchou-se em lágrimas. A moça chorava, chorava e chorava, libertando-se daquele fardo pesado que carregava havia anos e não tinha coragem de falar para ninguém. Então, ela contou como tudo se passara, abrindo o segredo mais íntimo que tinha em seu coração para aquele médico. Foi como se libertasse de algo muito doloroso que a aprisionava há tempos. Como a sua expressão ficou alegre. Fátima acompanhou a moça em sua recuperação.

A própria enfermeira, que por vezes emagrecia mais do que devia e esquecia de comer, fora também acolhida pela pureza daquele médico. Como muitas mulheres brasileiras, também tinha a história de um grande sofrimento em sua vida familiar. E ele a acalmava dizendo que a Igreja perdoa quando a pessoa se separa e se desfaz desse sofrimento. Guido lia tão fundo a alma dela que explicava: "Só que você, ao se afastar fisicamente desse fardo, vai carregar um outro muito mais pesado: o da tristeza do seu coração se sentir vencido. Eu vou rezar por você e pela sua família e você reza o terço..." Como ela, muitas vezes e através daquele médico, sentiu que a fé movia montanhas como estava escrito no Evangelho. Todos os dias que vencia aquele sofrimento familiar era uma vitória. A sua fé cada vez mais perseverante ia transformando aqueles que amava e partilhavam em família o seu dia a dia. Aquela mão do Dr. Guido que sentia no seu ombro nos dias em que trabalhavam juntos sempre a animava e renovava. Ele era realmente um jovem muito bonito, mas como todas as mulheres que estavam no hospital, ela também se desprendia de uma atração física e o via muito além da sua aparência de ator. Era alguém que estava ali para salvar e dar alento a todos através do equilíbrio espiritual.

Estava sempre presente no coração da enfermeira Fátima a maneira como o Dr. Guido revolucionou as práticas daquele hospital. Particularmente na quarta e vigésima enfermarias, que abriram as suas portas aos irmãos de rua, acolhidos pelas irmãs da caridade. As irmãs tinham voluntárias que acompanhavam aqueles doentes que estavam presos pela miséria e solidão. Guido era um anjo que as auxiliava no duplo trabalho: médico e espiritual.

XV
Professor Milton

O PROFESSOR MILTON na época era o diretor das quarta e vigésima enfermarias. Tem cabelos brancos, rosto conservado, um porte fino e aquela presença que inspira total confiança. Mesmo sendo de uma família do interior de São Paulo com tradição e recursos, cresceu em escola pública. Desde sempre, seus pais lhe incutiram a preocupação social, diziam aos filhos que eles tinham mesa farta, cama com cobertor, enquanto a maioria do povo passava fome e frio. Inclusive seu avô paterno o influenciou também porque cuidava da Legião Brasileira de Assistência (LBA). Esse convívio mexeu desde cedo com ele e a vocação de médico começou na infância, quando sentia ainda muito novo empatia e compaixão pelos que sofrem. Traçou seus objetivos que foram se cumprindo: formar-se numa universidade pública, trabalhar em hospital público e passar um período na Inglaterra.

Essa experiência em Londres o marcou muito. Todos usavam as mesmas enfermarias, pobres e ricos, que eram espaços amplos, limpos e arejados. Tentou transportar a mesma experiência para as suas enfermarias na Santa Casa: elas eram cuidadas, arejadas, a diferença estava em que nos leitos não havia ricos, só pobres. E sendo ele um homem que teve educação católica – tinha sido batizado, foi coroinha, fez a crisma – tinha ainda muitas dúvidas de fé. Na Inglaterra, um país marcado pelo laicismo, Milton notara que os pobres e os ricos eram irmãos na doença. No Brasil, um país com grande carga religiosa, só os ricos tinham recursos para usufruir dos melhores hospitais, médicos e tratamentos. O pobre, além da doença, sofre com a sua miséria. Era uma discrepância que, para ele, punha em causa a própria existência de Deus.

Quando abraçava Guido com o afeto de um pai, essas dúvidas lhe queimavam a alma. Mais uma vez, Guido chegava na hora certa. Professor Milton, desde que o conhecera como estudante, percebeu que o rapaz fazia a diferença. Não pela sua profundidade religiosa, nem a conhecia, mas pela sua humanidade, pela maneira como ele olhava e escutava cada doente e o professor que orientava os residentes. Encaminhou-o para o seu gabinete no segundo piso. Milton sabia que uma das razões por que este seu filho da medicina se deslocou à Santa Casa estava relacionada com a ficha médica dos seminaristas. Guido teve a ideia de que os seminaristas tivessem uma rotina médica dentro da Santa Casa, e o professor Milton abraçou-a. Tudo isso ia ser discutido com calma entre eles. Mas, quando se sentaram para conversar, o professor foi desabafando que nas sociedades avançadas a questão religiosa não se colocava: servir os outros era simplesmente um dever cívico. Ficava impressionado como no Brasil, país onde vivia, mesmo em franco desenvolvimento econômico, essa consciência cívica estava ainda tão atrasada. Isso o revoltava e colocava em causa a sua fé. Guido o escutava com atenção e paciência. Tinha com o professor conversas que não conseguia ter com o seu próprio pai. Depois disse:

– O mistério não está só no céu, está também na terra. – Num tom melodioso começou a enumerar as bem-aventuranças: – Felizes os pobres em espírito porque deles é o reino dos céus; felizes os que choram porque serão consolados; felizes os mansos porque possuirão a terra...

O professor vai recitando o resto do Sermão da Montanha, reconhecendo que era uma das mais belas passagens do Evangelho, mas que não comovia uma sociedade que virava as costas à miséria e gerava uma total impotência dos médicos para resolvê-la. Guido prosseguiu acrescentando uma nova bem-aventurança:

– Bem-aventurados os que consolam e os que sofrem e choram porque têm um coração puro e verão a Deus.

Como se fosse mágica, o coração do Dr. Milton se reconciliava com Deus. Rememorou como se sentiu consolado quando mais tarde, junto com a Dra. Silvana, acompanhou Guido no atendimento dos irmãos de rua. Como se sentiu consolado quando fizeram o rastreio e vacinação para hepatite B de mais de duzentos moradores de rua. E como se sentiu melhor quando conseguiram que as camas das quarta e vigésima enfermarias albergassem aqueles mendigos. Terminou entendendo que se todo mundo enchesse o seu coração com a profundidade das bem-aventuranças, para além do dever cívico encontraria o Amor que tudo renova e transforma. E ele, diante das ações deste seu filho da medicina, sentia o seu amor renovado, alcançando o significado de que o mistério não está só no céu, mas também aqui na terra.

XVI

Canal de graças

Depois da conversa com o professor Milton, Guido voltou às enfermarias, onde tantas vezes se consolou consolando. Fátima sempre o observara. Ele lutava contra a tentação de achar que tantas vezes foi canal de graças, sentia como um sinal de vaidade. Jesus curou os cegos, os surdos, os paralíticos, os leprosos e, como está escrito no Evangelho de São João, era a "luz do mundo". E quando os fariseus lhe disseram "Se Tu dás testemunho a favor de Ti mesmo, o Teu testemunho não é válido", Jesus lhes respondia que o testemunho era válido porque Ele não dava testemunho Dele mesmo, mas do Pai. E não era para tecer glórias a Si mesmo, mas ao Pai. E ele, Guido, quando se transformou em instrumento de tão maravilhosas graças, deu testemunho da ação do Espírito Santo e não foi mais que um canal de graças.

Assim sucedeu, quando numa daquelas camas jazia uma senhora dos seus 50 anos, quadro típico de acidente vascular cerebral (AVC), com uma paralisia de todo o lado direito. Guido, perguntou-lhe com toda a delicadeza:

– A senhora tem alguma religião?

– Pertenço ao candomblé – respondeu.

– A senhora, mesmo assim, aceitaria receber uma oração?

Ela anuiu, Guido a levou para a capela da Santa Casa. Com os membros do grupo de oração, que criara no hospital, fizeram uma oração de cura e libertação. A senhora voltou para a enfermaria em muito melhor estado. Espantados com a recuperação, todos os doentes que ali estavam queriam que Guido rezasse por eles. Houve também um jovem de 24 anos, soropositivo, um dos chefes da prostituição no bairro de Copacabana. Estava no hospital quando foi atendido por Guido e contou que tinha feito 150 filmes pornográficos. Pediu-lhe uma chave para encontrar Deus. Guido rezou por ele. O rapaz fez a primeira comunhão. Depois de sua saída do hospital, confessava profundamente comovido: "Se eu não tivesse conhecido Deus por você, andaria a disseminar o vírus da AIDS."

A enfermeira Fátima notava como os olhos do Guido andavam embargados – para ela que estava longe de saber do combate que Guido viveu pela notícia de que não ia ser ordenado, a emoção se devia ao amor que ele tinha pelos doentes e pelo hospital. Sabia como ele sonhava em seguir o exemplo do Santo Padre Pio, aquele padre que foi canonizado. Quando tinha sido prefeito da causa dos santos, o cardeal Saraiva Martins explicou numa entrevista que padre Pio para os italianos era um santo de primeira categoria, que tinha o carisma da confissão e também da celebração da missa, onde suas homilias ficaram inesquecíveis. Muitos milagres são atribuídos a ele e foi grande obreiro do famoso hospital em San Giovanni Rotondo, Casa do Alívio do Sofrimento, para os mais desfavorecidos. As palmas das suas mãos foram estigmatizadas com as chagas de Cristo, sangravam, num santo calvário de cerca de 50 anos.

Guido tinha presente no seu coração uma atenção especial para aquele doente que estava em estado muito grave. Tinha uma doença que afetava o sistema imunológico, seu corpo estava cheio de chagas e queimando, sua pele tinha praticamente saído toda. Com docilidade, perguntou se ele já tinha pensado em se confessar. "Mas confessar o quê, doutor? Não roubei, não matei, eu não tenho pecado." Rapidamente, Guido retorquiu: "Eu também não matei, nem roubei, mas tenho pecado", e começou a falar dos pecados ali, na frente de todos. Sorria enquanto fazia isso. O doente, estupefato e tocado pela espontaneidade do Guido, disse: "Como faço para me confessar?" Então, no domingo seguinte, fez sua primeira confissão com o capelão da Santa Casa, Frei Anselmo. Em seguida, recebeu a comunhão, a unção dos doentes e três dias depois espantosamente recebeu alta, estava curado.

Mas Guido não adiava a questão da morte, como médico lidava com ela diariamente. E um médico que tem o desejo ardente de ser sacerdote, tinha sempre a preocupação do que o seu paciente, seguindo as repetidas recomendações de Jesus, estivesse preparado para o encontro com Deus. Não conseguia esquecer aquela senhora que tinha um câncer espalhado pelo estômago e fígado. Não se levantava da cama por nada neste mundo. Num domingo, junto com os jovens do grupo de oração, ele começou a rezar por ela. Ela ficou surpresa querendo saber o que faziam ali num domingo. A resposta era clara, a reunião foi resultado do amor de Deus. Então ela começou a se animar, sentiu o Espírito Santo se derramando sobre ela, Deus queria curar aquele coração. No último dia de vida passou batom, se penteou, rezou o terço e agradeceu: "Obrigado, Dr. Guido, porque você me deu o sentido da vida." Guido, feliz com este testemunho, continuava repetindo o Salmo: "O meu coração está pronto, Senhor, o meu coração está pronto."

XVII

A ovelha perdida

NAQUELE DIA, NA SANTA CASA, depois de se despedir, com um sinal da cruz, daquelas pessoas que faziam parte durante muitos anos do seu cotidiano, se recolheu na capela num piso superior. Ali rezava em silêncio para trazer a luz de Deus para perto dos que mais sofrem. Ali também organizara o grupo de oração no qual louvavam aos domingos depois da missa celebrada pelo cego e iluminado Frei Anselmo. Um dia, em seguida a uma dessas missas, depois de cantarem os cânticos de louvor e invocarem o Espírito Santo, reparou num policial sentado numa cadeira de rodas. Tinha sido atingido por uma bala num tiroteio. Estava paraplégico. Guido escutou a voz de Jesus dizendo: “Reza por ele”, mas um pouco à imagem de São Pedro, só após escutar três vezes a voz e o pedido de Jesus, ele se dirigiu ao policial. Em seguida, Jesus lhe disse: “Pega a mão dele e levante-o.” Pegou a mão do policial e levantou-o. Andou com ele pela capela. Aleluia! Maravilhosa a alegria no rosto do doente e da família. Abraçou-o. O policial agradeceu com lágrimas nos olhos. E, como o paralítico do Evangelho, ele não só voltava a andar como se convertia, foi um momento de felicidade plena.

De coração cheio, Guido saiu do Hospital da Santa Casa. Do seu lado esquerdo estavam os feirantes; do lado direito, os táxis esperavam passageiros. O centro do Rio de Janeiro transportara Guido muitas vezes para a confusão do que imaginava ser a cidade de Jerusalém. Os seus olhos não acreditavam no que viam, no meio daquela multidão que cruzava correndo as ruas, surgia Eloir. Correu para Guido, o abraçou:

– Meu médico! Voltei para os tratamentos. Deus me chamou, e eu sabia que ia encontrar você e que conseguiria abraçá-lo como você tantas vezes me abraçou.

Guido estava paralisado, comovido. Reencontrou a ovelha perdida.

XVIII

Padre Jorjão

GUIDO, NOS SEUS MOMENTOS de maior conflito, ia ao encontro do padre Jorjão. Na igreja de Nossa Senhora da Paz, em Ipanema, muitas vezes esperava, ajoelhado, rezando. Até que sentia no seu ombro uma mão que tinha o peso do carinho. Era um peso inconfundível. Era o padre Jorjão que ele chamava carinhosamente de "Big Jorge". Se levantava, o abraçava. O padre Jorjão com a grandeza dos seus braços tirava Guido do chão. Depois ia pedindo desculpa por ter se atrasado:

– Filho, me desculpa, me desculpa...

A alegria de Guido em balançar nos braços do seu diretor e pai espiritual era tão grande, que não se importava com a falta de pontualidade. Padre Jorjão era como o bombeiro que apagava todos os incêndios de sua alma. Ele estava sempre disponível para atender o próximo. O padre que já confessara inúmeras centenas de pessoas seja no Rio, em Lisboa ou em Roma. E por aquelas coincidências de Deus, a sua primeira confissão foi a de Guidinho. Eles se amavam, naquele amor que põe em delírio os sinos da alma, naquele amor que é eterno, naquele amor que é de Deus. Eles, como acontecia muitas vezes, seguiam para o edifício de São Francisco Assis (prédio ao lado da igreja de Nossa Senhora da Paz onde se reúnem pastorais, estão as salas de confissão e aconselhamento e onde moram alguns padres), para Guido se confessar.

O padre Jorjão era o seu confessor e o seu principal cúmplice. Guido se confessava geralmente uma vez por semana. O inimigo não o deixava em paz. Nesse combate, como escreveu no seu diário, em oração visualizou os anjos e arcanjos liderados por São Miguel numa tremenda batalha para expulsar do céu Lúcifer e o seu exército de anjos rebeldes.

Era a confissão que se seguia à notícia de que não constava na lista dos que iam ser ordenados. Padre Jorjão sabia que a Igreja precisava de padres como Guido. E, durante a conversa, não sentiu por parte do rapaz ansiedade, crise de vocação ou necessidade de colocar em causa toda uma caminhada, a única ansiedade, era a de sempre, a pressa em ser sacerdote.

Guido tinha feito os exercícios espirituais de Santo Inácio de Loyola com um padre jesuíta, o padre Javier. Sabia como Santo Inácio recorria em confissão aos pecados já confessados e ficava atormentado de não conseguir se livrar deles. Foi fazendo o discernimento dos espíritos que se deu conta de que confessar repetidamente os pecados velhos era estratégia do diabo para confundi-lo. E nos diálogos de Guido com Jesus, este claramente lhe dizia que os pecados confessados estavam perdoados. Mas abriu uma exceção na sua alma quando se sentisse tentado pelo inimigo. Mesmo perante situação tão dolorosa, ele não sentia a necessidade de recordar os pecados antigos, ele pedia era ao padre Jorjão para rezar pela sua ordenação, precisava seguir em frente.

Padre Jorjão não tinha dúvidas, como ele conta em depoimento: "Guidinho foi se abrindo cada vez mais à ação do Espírito Santo, o seu coração foi se purificando, a sua alma foi se fortalecendo em dons e carismas, os seus desejos e paixões foram morrendo, dando espaço àquele amor incomensurável em liberdade e felicidade que é o amor de Deus. Já não era o Guido que falava, mas o Cristo que vive nele, como está escrito em São Paulo. Renunciar à sua vocação era como voltar à superfície do oceano do amor. E essa superfície era monótona, apática, lhe traria a tristeza e a morte do que mais profundo e belo havia nele, porque ele vivia de acordo com o Espírito, então as coisas da carne o aborreciam e como dizia o Salmo 'Feliz do homem a quem o Senhor não tem em conta o pecado'."

Já era noite e, no exterior do edifício de São Francisco, junto ao oratório de Nossa Senhora de Lourdes, Guido e o "Big Jorge" se despediam como de costume com um forte abraço. O diretor espiritual elevara Guido mais uma vez em direção aos céus. Depois, viu o rapaz se afastar para pegar o ônibus. Lembrou-se do que um juiz, também amigo da família do Guido lhe contara uma vez: que Guido viajava no mesmo ônibus que ele quando viu um mendigo no chão. Mandou o motorista parar ônibus. E depois o juiz pôde acompanhar a cena porque o ônibus estava em um sinal. Guido botou a cabeça do mendigo no seu colo e começou a falar com ele. Os mendigos para Guido tinham nome, eram gente, ele lhes dava as suas melhores roupas e fazia com que os amigos também as dessem.

Reparava em Guido apanhando o ônibus quando veio ao seu coração a lembrança daquela missa de Pentecostes nos Arcos da Lapa. Havia uma grande multidão. A celebração ia ser presidida pelo monsenhor Jonas Abib. A missa ia começar e lá estava um mendigo cheirando mal, um cheiro insuportável, ele estava bebendo e falava palavrões inconvenientes. Os fiéis começaram a dizer para ele ir embora. O mendigo começou a ficar cada vez mais descontrolado e disse um daqueles palavrões em alto e bom som. A multidão quis bater nele. Mas, antes que isso acontecesse, alguém se jogou em cima dele, abraçando-o e chamando-o pelo nome. Então o mendigo disse: "Meu médico, Dr. Guido". As pessoas que queriam bater nele, que queriam mandá-lo embora, quando viram essa cena ficaram chorando de vergonha. A partir daí, o mendigo começou a rezar de mãos dadas porque encontrou alguém que o viu como uma pessoa. Padre Jorjão murmurou emocionado: "No caminho daquele homem estava Guidinho, o bom-pastor, este rapaz quando for padre vai mudar o Rio de Janeiro, vai tocar o coração dessa juventude toda, vai ser uma onda daquelas do Havaí que vai arrastar multidões, vai evangelizar no mundo inteiro".

Já em casa, como habitualmente, Guido encostou a cabeça no regaço da imagem de Nossa Senhora do Carmo e ficou em oração. Sua mãe entrou na sala. Mantinha o silêncio. Tinha certeza de que ele estava em total conexão com Deus. Sussurrou:

– Grande é a fé do Guidinho e cada vez tenho menos dúvida de que uma Igreja que aposta na nova evangelização precisa de muitos padres como o meu filho.

XIX
Um novo desafio

Nesse ano de 2009 Dom Romer, que se aposentara, regressava ao Rio de Janeiro para a sagração do novo arcebispo Dom Orani Tempesta. Mas a notícia que o deixara completamente surpreso foi a de que Guido Schäffer não ia ser ordenado. Foi por isso que recebeu Nazareth e Guido no seu gabinete, no terceiro piso do edifício João Paulo II na Glória. Ele, como era de seu hábito, foi meticuloso e se inteirou de todo o percurso de Guido enquanto estivera em Roma. Não era que não o acompanhasse, ia tendo notícias por Nazareth e Guido, dando os seus conselhos e recomendações. Mas algum detalhe podia estar escapando. Todos os dados que recolhera mostravam que aquele de quem tinha sido pai e orientador na vocação seguira nestes últimos sete anos o percurso da santidade. Já tomara conhecimento como no São Bento Guido bebia sequioso todo o ensinamento filosófico e teológico que lhe era ministrado. Dom Justino, monge beneditino e professor de Guido, chamou especial atenção para o trabalho que o aluno fizera sobre o problema do mal em Santo Agostinho. As respostas que Santo Agostinho encontrava até hoje permaneciam atuais no homem contemporâneo. Guido, na esteira deste doutor da Igreja, escrevia que nós devíamos nos empenhar em transmitir a pureza da nossa fé.

Guido transmitia sua fé como era possível testemunhar na obra que fez no Hospital da Santa Casa seguindo os passos do Santo Padre Pio. No amor que derramou nos irmãos de rua deixando bem vivos os exemplos de São Francisco de Assis e de madre Teresa de Calcutá. Em como os jovens o seguiam no rastro do carismático papa João Paulo II. E nestes dois últimos anos no Seminário Maior de São José, além do bom aproveitamento nos estudos, ninguém o acusava de não ser aquela pessoa de grande valor moral, reto, abnegado, humilde, generoso, trabalhador e de profunda oração, características que foram determinantes para Dom Romer depositar enormes esperanças em Guido como sacerdote. Sentia-se como o treinador que fora decisivo para a formação de um atleta campeão.

Nunca esquecera a viagem que realizara a Roma em março de 2000, no ano do Jubileu, e no grupo estavam Guido e seus pais. O dia a dia, naquela terra já pisada por muitos santos, foi constatar de uma grande sensibilidade humana, singular beleza espiritual, vendo como o rapaz se deixava tocar a cada momento e oportunidade por Deus. E, já a partir dessa viagem, ele via aqueles dois, Nazareth e Guido, sentados diante de si, a imitação de Nossa Senhora e Jesus. Como a mãe ao perceber a vocação daquele filho, se desapegou e entregou a sua vida para que aquele que nascera das suas entranhas também fosse luz do mundo. Como ela estava ciente que a seara era grande e os trabalhadores tão poucos. E lutaria com todas as forças para que o seu filho lançasse a semente em tantas almas vazias e angustiadas. Por isso estavam ali diante do bispo que traçara a estratégia para a ordenação daquele médico-seminarista.

Para Dom Romer, um Reitor de Seminário é um homem que tem uma enorme responsabilidade nas mãos. Vive momentos de grande solidão. Um homem que tem que compreender a complexidade do formando, mas que não pode se envolver afetivamente com ele até pela decisão que vai ter que tomar. Inclusive, não pode confessar o candidato a padre. E naquele caso específico o Reitor era um homem que prezava muito a disciplina, era exigente, até porque o sacerdócio é uma missão que demanda uma grande exigência. Era um homem justo, e tendo como referência esses critérios, que tinha que aplicar equitativamente, na sua perspectiva, via que a questão de Guido ter feito a caminhada de uma forma diferente dos outros seminaristas, poderia ser visto como favorecimento. Então, para a harmonia da comunidade e da própria interação de Guido com os seus colegas, tendo como objetivo possibilitar que ele fosse acolhido sem o estigma de ter sido favorecido, decidiu-se por não o ordenar já, mesmo que a decisão final pertencesse ao arcebispo. Não havia da parte do Reitor nada de pessoal contra Guido, a quem estava eternamente grato por ter tratado de uma úlcera. Guido que já ultrapassara a sua agonia com a força e o poder do Espírito Santo não podia estar mais de acordo com opinião de Dom Romer.

Agora, perante as circunstâncias, Dom Romer, que acompanhara de perto a vocação do Guido, abriu outra possibilidade. As temáticas do aborto, da eutanásia, da bioética, desafios dos tempos modernos, eram importantes e temas sensíveis para a Igreja. Sendo assim estavam precisando de sacerdotes com preparação para trabalhar nesses campos da medicina tão fundamentais à dignidade humana. Dom Romer, então, aventou a possibilidade de Guido ser chamado para Roma e fazer uma pós-graduação para trabalhar nas temáticas relacionadas com a bioética. Seria realmente abrir uma nova porta, com a hipótese de ser logo ordenado. Mas estava bem claro para Dom Romer, conhecendo bem a pureza de Guido, que o decisivo era manter obediência à vontade de Deus.

XX

A vontade de Deus

A DÚVIDA E O CONFLITO INTERIOR que se instalaram em Guido, relativos à possibilidade de ir para Roma, teriam uma resposta nas suas reflexões. Em primeiro lugar, Guido tinha que discernir na sua alma qual era a vontade de Deus. E os locais onde Guido preferencialmente encontrava Deus eram o mar e o Sacrário. Foi fazer esse discernimento encontrando Deus nas ondas. O sol rasgava as nuvens pesadas e um feixe de raios luminosos envolvia Guido que, carregando sua prancha, caminhava pela praia do Arpoador. E naquele momento a sua alma estava pior por não sentir o ardente consolo pela notícia da chance de poder vir a ser logo ordenado, sentiu uma tristeza enorme.

Guido, que trabalhou o discernimento dos espíritos com os jesuítas, pretendia, precisamente, que o Espírito Santo discernisse o que estava se passando neste combate em sua alma. Nada melhor que se ligar a Deus surfando. Entrou na água. Remou para as ondas. E ali, deslizando na suavidade da espuma, se uniu a Deus. A imensidão e o murmurar do mar eram o espelho com que sua alma se confrontava. Enquanto estava boiando, observava a rebentação das ondas, e visualizava na violência da onda que se desfazia o martírio de Estevão.

Lembrava como, muitas vezes, o mar se transformou na voz de Deus. E ela penetrava no seu coração como naquele dia de São Estevão em que estava em oração: "Guido, você deve se dedicar exclusivamente à oração e ao ensino da Minha palavra, pois Eu te encho do Meu Espírito para seres Meu profeta. Não te preocupes mais com a ciência médica, pois a ciência do Espírito é muito superior. Há muitos corações para curar, muitas almas para salvar. Eu te dou o dom da cura e dos milagres como dei a Estevão."

Ele remou e pegou uma onda grande e foi tão consolado nela como se fosse a onda da sua vida. Quando voltou para a areia, pegou a toalha, se secou, calçou as havaianas e, quando já se dirigia para o calçadão, um garoto correu para ele e gritou:

– Cara...

Guido se virou.

– O que é, meu irmão?

– Olha – disse apontando.

Guido reparou nas duas pombas brancas voando em círculo.

– São lindas as pombas! – exclamou com êxtase.

– Escuta, cara, elas pousaram na areia quando você foi surfar. Eu vi... E só voltaram a voar quando você estava saindo da praia... Elas são suas amigas?

Guido sorriu com a pergunta e respondeu:

– Elas são um mimo de Deus e também são suas amigas.

O garoto também sorriu, feliz.

Depois da surfada, Guido se recolheu na capela do colégio São Paulo, próxima a praia do Arpoador. Antes foi cumprimentar a irmã Teresinha, aquela que em 1998 lhe abriu o colégio para fazer o barzinho de Jesus (onde com a galera fazia uns lanches, cantava e louvava a Deus). Aquela que, quando o viu com a sua noiva, logo disse para os seus botões: "Daqui não vai sair casamento." Aquela que, muitas vezes, lhe expôs o Santíssimo para ele rezar. Não se esquecia de um réveillon em que Guido pediu permissão para estar em oração na capela. Os fogos iluminavam Copacabana e o Rio de Janeiro. Ele ali de joelhos festejando com o Senhor o novo ano. Mas o que mais impressionou as irmãs é que naquela noite dita pagã muito jovens começaram a se juntar a Guido enchendo a capela, dançando com os anjos.

Guido precisava da confirmação de que aquele consolo que a sua alma teve nas ondas ao relembrar as palavras do Senhor no dia de São Estevão foram inspiradas pelo Espírito Santo. Por detrás do altar, bem por cima do Sacrário, para onde tantas vezes se dirigiu, se encontrava um belo vitral com São Paulo caindo do cavalo, cego pela intensa luz de Deus. São Paulo, o seu apóstolo preferido, aquele que nas suas epístolas escrevia que de nada servia termos todos os dons se não tivermos caridade.

Quando ia se ajoelhar diante do Sacrário, escutou um troar de palmas. Andou até a janela. A sua boca se abriu de espanto. As pessoas estavam fora dos seus carros aplaudindo a maravilha do pôr do sol. Para Guido, elas estavam aplaudindo, na verdade, Deus. Com a beleza de Deus, através do irmão sol, as pessoas matavam o cansaço de um dia de trabalho e das filas intermináveis. Guido ainda sentia as palmas no seu peito quando, já de joelhos, pediu uma confirmação do Senhor. A alegria e o consolo da sua alma eram verdadeiros ou eram um meio de confundi-lo? Escutou dentro do seu coração, que suplicava, as palavras de Jesus: "Quero que você saiba dessa verdade, o Espírito Santo está sobre você e te unge para que anuncies a Boa Nova aos pobres, cure os corações feridos, faça os surdos ouvirem, liberte os cativos, você deve continuar essa Minha missão, foi para isso que te criei. Lembra-te: o Espírito Santo está sobre você, usa os dons e os carismas que Ele te dá."

A sua alma, que morreu para o mundo, cada vez estava indo mais fundo no oceano do amor e se encheu de um consolo e de um júbilo incomensuráveis, como se abraçasse a eternidade. Nesse deleite, Guido abraçou em espírito Dom Romer, seu querido pai na vocação. Pediu perdão a ele, mas, como o próprio bispo dissera, a sua obediência tinha que ser ao Evangelho. E o Evangelho lhe pedia para ficar junto dos pobres e evangelizar pelo mundo como São Paulo. Dom Romer, um homem de Deus, de uma grande sensibilidade teológica, mais que ninguém ia entender esta fidelidade ao Evangelho. "Não te preocupes mais com a ciência médica, pois a ciência do Espírito é muito superior", eram as palavras do Senhor.

À noite, Guido reclinou a cabeça no regaço da imagem de Nossa Senhora do Carmo. Escutou o sussurrar das ondas de Copacabana como um coro de anjos. Sua mãe, vestida com o robe, surgiu na sala:

– Guidinho, venha deitar, está ficando tarde…

– Mamãe, estou rezando as completas.

– Mas completo você já está, venha deitar, você está cansado, foi um dia longo.

– Escuta, mãe, tenho uma ideia.

– Uma ideia, a esta hora? – Nazareth sorriu.

– Reza um terço comigo?

Nazareth reparou na doçura do olhar do seu amado filho e pegou o seu terço. Os dois rezaram junto da imagem de Nossa Senhora. As ondas do mar eram os instrumentos, mãe e filho eram os vocalistas de uma canção que tinha o sabor de mel no Imaculado Coração de Maria e no Sagrado Coração de Jesus.

XXI

Dia de São José

PRIMEIRO DE MAIO DE 2009. Era uma sexta-feira. Tímidos raios de sol banhavam o rosto de Guido. Este se levantou da cama e tomou uma ducha de água fria. Aproveitou o silêncio da madrugada para se ajoelhar diante do Sacrário na capela do Seminário. Escutou o amor de Deus naquele silêncio. Se viu no meio dos apóstolos de Cristo, quando Este, no cimo da montanha, enunciava as bem-aventuranças àquele povo que o cercava. Depois, cheio do Espírito Santo rezou os ofícios das laudes com os restantes seminaristas e assistiu à missa. Em seguida tomou o café da manhã. Disse a alguns dos seus colegas, com uma grande tranquilidade e uma grande certeza: "Eu vou ser padre dos pobres." Guido desabafara com padre Jorjão que num sonho Dom Orani lhe transmitira isso.

Neste meio tempo, o Reitor comunicou que os seminaristas podiam ir almoçar em casa já que era dia de festa no Seminário Arquidiocesano de São José. Para aproveitarem bem o feriado do dia de São José e do trabalhador. Ele estaria esperando-os na volta, segunda-feira. Os seminaristas sentiam alegria e pressa por poderem ir passar o fim de semana prolongado com as famílias. Guido acabou de comer o pão com manteiga e de beber o seu café. Voltou para a capela e, ali diante do Sacrário, sem pressa, reviveu o sonho que teve em que Dom Orani lhe dizia para ficar tranquilo porque ia ser padre e estaria junto dos que mais sofrem e dos pecadores. Ia ser obediente ao Evangelho.

Dom Romer, mestre em teologia, uma vez foi perguntado sobre a que santo Guido se assemelhava. Com grande serenidade e sabedoria respondeu: "A santo nenhum. O único santo que ele tenta seguir é Jesus Cristo, tenta imitá-lo todos os dias." Jesus andava todos os dias no meio dos que mais sofrem, os mais pobres, os doentes, os incompreendidos, os pecadores, e é no meio desses que Guido quer andar.

Depois do tempo de oração, a alma de Guido rejubilava de consolo.

Pegou o ônibus para casa. Como era gostoso viajar no ônibus sem trânsito. No trajeto podia apreciar a beleza da Cidade Maravilhosa. Rezava por aqueles que tinham no cotidiano de suportar as filas sem fim e o estresse do tráfego infernal. "Que aqueles que vivem do suor do seu rosto desfrutassem em paz deste feriado e do fim de semana. Que o Cristo Redentor magnífico, entre as nuvens, abençoasse todo esse povo."

No apartamento de Copacabana quem primeiro abraçou, na cozinha, foi Alcemira, que se comovia sempre muito com alegria daquele olhar e da doçura daquela voz que lhe contava, invariavelmente, uma história, onde o herói era

Deus. Em seguida, foi colocar a bermuda para surfar. Antes de sair do quarto, pousou o escapulário e olhou o pôster, saboreando a palavra do Evangelho que mais lhe tocava: "Estreita é a porta e apertado o caminho que levará ao reino dos céus, muitos tentarão, mas poucos conseguirão." A mãe ficou surpresa ao vê-lo pronto para surfar:

– Filho, você não almoça com a gente?

– Vou dar uma surfada com Dudu e Maurício, é a despedida de solteiro do Dudu.

Nazareth estava sabendo do casamento em que Maurício ia ser padrinho e Guido estaria no altar ajudando padre Jorjão, o celebrante, conforme vinha anunciado no convite.

– Já que deram folga no seminário, a gente estava contando com você para almoçar, temos muito que conversar.

– Maurício me convidou, mãe, não dá para recusar, é a última surfada do Dudu antes de casar, e foi surfando que Maurício fez também a sua despedida de solteiro. Você lembra?

– Lembro... Mas come qualquer coisa, para você não cair de fraqueza...

– Não se preocupa, mamãe...

– Uma banana, um chocolate, você já tomou o café da manhã há muito tempo.

– Não se preocupe que a Alcemira está preparando um café com biscoitos. Não vai me faltar energia – sorriu.

Disse isso seguindo para a cozinha e, ao entrar, Alcemira já estava com os mimos prontos. Deu um beijo em sua testa, num usual gesto de ternura.

– Com a Alcemira não dá para cair na fraqueza.

Bebeu o café aromático e saboroso e se deliciou com os chocolates "Bis". Lavou as mãos, o rosto, escovou os dentes e foi se despedir do pai. Dr. Guido Manoel estava acabando de ver as notícias na televisão. Ele é um homem de estatura mediana, médico patologista, de uma moral rígida, que ultimamente tinha padecido devido a uma cirurgia complicada na coluna. Era um homem justo, reto, mas exigente com os filhos. Muitas vezes essa exigência e rigidez criou barreiras de comunicação com Guido. Mas neste dia primeiro de maio, ele sentia um desejo enorme de ter a companhia do seu filho médico e seminarista. Não disfarçou a decepção quando este disse que ia surfar e por isso não ia dar para almoçar com os pais. Ainda insistiu para que ficasse, coisa que nem era seu costume. Mas Guido não queria perder a última surfada do amigão Dudu. Viria almoçar mais tarde. Guido deu um beijo no pai que lançou um olhar de amor para o filho. E quando o rapaz se dirigiu com a mãe para a porta de entrada, reparou como ele estava com as costas largas, um corpo atlético e um porte de Tarzan. Guidinho abraçou a mãe e lhe disse:

– O Reitor do Seminário é um homem bom, não guardem mágoa dele – com estas palavras saiu para encontrar com Maurício e Dudu.

Quando Nazareth retornou, o marido lhe disse:

– Nosso filho se transformou num belo rapaz.

Ela sorriu, embevecida, e pediu depois a Alcemira para botar o lugar do Guidinho na mesa. Ele viria almoçar mais tarde, depois da surfada. Alcemira colocou o prato, os talheres e o copo no lugar da mesa onde ele costumava se sentar para comer as refeições.

XXII

Despedida de solteiro

Guido esperava junto de Merica, o porteiro, que Dudu passasse para buscá-lo. Antônio, o Merica, era sempre muito falante e agradecido quando estava perto de Guido. Reconhecia eternamente que pela intervenção de Guido havia deixado a cachaça. Foram tempos muito ruins. "Guidinho, eu não me esqueço como estava destruindo a minha vida, e a dos meus", repetia. Tantos o abandonaram, mas Guidinho nunca, levava-o sempre à igreja. Fazia palestras em sua casa. Rezava por ele. De noite, a hora que fosse preciso, ia visitá-lo.

– Guidinho, se lembra quando você me dizia, "Merica, você tem que parar de beber, tá dando cabo da sua vida, da sua mulher, da sua família"?

– Escuta, Merica, tudo o que vem do diabo destrói, tudo o que vem de Deus constrói.

– Graças a você me libertei desse inferno.

– Graças ao amor de Deus.

Naquele momento, chegou o carro de Dudu. Maurício vinha com ele. Merica foi abraçar o noivo.

– Quantas vezes abri a porta – disse olhando Maurício e Guido, que cumprimentavam Dudu com afeto – para este amigão de vocês. Escuta, Dudu, cuida bem da tua noiva.

– Tá tranquilo, eu vou cuidar.

– Eu sei como ela mudou a sua vida, você era um cara danado, não podia ver um rabo de saia.

Os três amigos soltaram uma gargalhada. Dudu passou o braço pelo ombro de Guido.

– Só tenho pena que meu amigão aqui ainda não seja padre para me casar.

– Esse cara aí, que eu vi garoto, é mais que padre, é santo, e não te vai deixar botar pé em ramo verde.

Dudu olhando, rápido, nos olhos de Guido, lembrava-se do momento no qual estava de joelhos diante do Santíssimo e aí se dava a primeira troca de olhares com Cris, que não dava margem a dúvidas: Aquela era a mulher da sua vida. Ela era a mulher que Deus botou no seu caminho. Aquela sensação de leveza que Cris e Dudu sentiram diante de Jesus Sacramentado iria acompanhá-los pela eternidade. Mas, depressa, Maurício, sempre pronto para uma piada, foi dizendo que o casamento estava bem entregue ao Big Jorge, ele é que era o padre-cupido. Os meninos tinham certeza de que o padre Jorjão era realmente o Santo Antônio do pedaço. Brincaram com os casamentos que ele já angariara.

Mas estava na hora da surfada. Ainda tinham que atravessar a cidade até o Recreio dos Bandeirantes, depois da Barra. As nuvens iam se despedindo e o céu estava pintado de azulão. Merica, com uma lágrima de felicidade no canto do olho pela alegria daquela galera, foi acompanhando com o olhar o carro dirigido por Dudu se afastando. Ainda tinham que passar pelo apartamento do noivo no Leblon para pegar as pranchas; Dudu tinha que emprestar uma ao Guido. Depois tinham que apanhar Nicholas, um primo da Cris, que também era surfista.

Nicholas era um jovem de 17 anos que morava no estado de Espírito Santo. Tinha o cabelo comprido, um jeito descontraído e estava doido para surfar nas praias do Rio. Quando entrou no carro carregava aquele entusiasmo todo. Dudu foi logo apresentando os dois irmãos e amigos do peito. Maurício e Guido deram um tapa na mão de Nicholas, cumprimento de praia, e Dudu foi logo adiantando que Guido era rei de onda grande: "O cara só atrai onda boa." Não adiantou Guido dizer que o noivo estava exagerando. Nicholas já se sentindo bem enturmado, em família, começou perguntando como era a noite no Rio, onde encontrava mulher bonita e ficou espantado quando Dudu, se referindo a Guido, disse:

– O cara vai ser padre – Dudu soltou uma gargalhada dirigindo o carro em direção a São Conrado.

– Padre? Vocês estão de gozação.

– Estou falando sério, cara – Dudu ainda estava rindo.

Nicholas reagiu como tivesse visto um E.T. Mais ainda ao ver um cara com boa aparência. Surfista de onda grande, normal como todos eles.

– Escuta, Nicholas, padre para você tem que ser feio, careta e gordo? – perguntou Dudu.

– Não, desculpe, eu não sou de missa, de igreja, escuta, acredito que Deus existe, mas essa coisa de igreja... Eu gosto de curtir a vida, de mulher bonita...

– Eu também gosto de mulher bonita – sorriu Guido, com aquele sorriso que cativava o mais ateu dos ateus.

– Oba! - exclamam ao mesmo tempo Dudu e Maurício.

– Esse cara tinha mel, elas não largavam do pé dele, sou testemunha – brincou Dudu.

– Acredito, mas uma das coisas que me confunde é porque os padres não podem casar…

– Escuta, Nicholas, ainda ontem uma menina bonita veio me encontrar – Guido, naturalmente durante o papo, foi virando centro das atenções e curiosidades – Ela é lá de Madureira, onde fica a paróquia de São Brás onde estou ajudando o pároco…

– É um bairro da pesada – avisou Dudu.

– Favela? – se assustou Nicholas.

– Mas tem mulher bonita – descontraiu Maurício.

– Essa menina trabalha comigo e é amiga de um cara que se envolveu no tráfico – continuava Guido como se estivesse narrando a história de um filme.

– Puxa – reagiu Nicholas cada vez mais envolvido, saindo daquele conto de fadas que era a orla do Rio de Janeiro.

– Há uns dias ela me trouxe o cara. Ele estava arrependido, me pediu para rezar por ele…

– Você rezou? – Nicholas estava cada vez mais interessado.

– Rezei, claro… Depois houve tiroteio…

– Você estava no meio?

– Não, graças a Deus. Foi lá na comunidade, guerra de facções.

– E esse cara que você rezou era de uma das facções?

– Era, o cara estava querendo parar de trabalhar para o tráfico, mas foram atacados.

– Não me digam que mataram o cara? Os bons é que se vão.

– Não – Guido sorri – Essa menina bonita, exatamente, veio me contar que a maior parte das pessoas morreu no tiroteio e um dos que havia escapado era exatamente o amigo dela. O cara pelo qual eu rezei.

– Graças a Deus! – exclamaram em uníssono Maurício e Dudu.

Nicholas também não conseguiu evitar um "Graças a Deus". Depois se deixou conduzir pelo papo daquele "padre surfista" como se estivesse numa sala de cinema, com o cenário das praias do Rio ao fundo. Quando passaram por São Conrado, ficaram animados ao ver os parapentes que vinham voando, harmoniosamente, da Pedra da Gávea. Aí, Guido, naquele seu jeito que arrebatava multidões, contou como uma vez, com uns vinte anos, um pouco mais velho que Nicholas, pegou uma onda gigante, com uma ressaca terrível e veio rebolando por ela numa altura de 20 metros. Acabou na areia abraçado na prancha. Não havia ninguém na praia devido à bravura do mar.

Aproveitou a oportunidade para falar do poder dos anjos. Maurício, o irmão caçula, que o acompanhava desde a infância, disse meio na brincadeira, meio sério, que os anjos protegiam o irmão:

– Esse cara é ousado, sobe as favelas deixando a nossa mãe apavorada, para não falar de como ele escalava a pedra mais íngreme. Vi com os meus próprios olhos os destroços de um carro onde o meu irmão ia que sofreu um grave acidente e, como num milagre, ninguém se feriu.

Nicholas se sentia arrastado por outra onda, que nunca surfou, e desabafava que já estivera entre a vida e a morte. Aos nove anos teve um linfoma. A conversa a partir daí seguiu um rumo que também Guido dominava, como Neymar domina a bola. Nicholas não escondia o espanto de ver que o padre também era médico. Ele sabia como ninguém da gravidade de um linfoma. Botou a mão no ombro do rapaz e disse "O seu anjo da guarda te protege, e você ainda vai dar muita coisa boa a este mundo". Nicholas já via ali um grande amigo que ia muito para além da cumplicidade de paquerar mulher. A sua voz era como uma melodia que trazia sempre uma novidade. Já na Barra, passaram pela Cidade da Música, em construção, e Guido, com o seu senso de justiça e profético comentou:

– A grana que investiram aqui dava para construir um hospital para os pobres.

Nicholas, sendo um jovem, cheio de vontade de curtir os prazeres da vida, tinha muita consciência social, não era por acaso que ia cursar Geografia. Por isso, era muito sensível a uma política de saúde que esquecia as pessoas carentes.

Ao chegarem ao Recreio dos Bandeirantes, as nuvens voltavam a tapar o sol. Mas nada ofuscava o clima para aquela última surfada de solteiro de Dudu. Nicholas sentia uma energia boa. Não escondia o entusiasmo de estar junto com esta galera.

XXIII

A última surfada

Na praia fizeram o aquecimento, os alongamentos, passaram parafina nas pranchas. O mar não estava muito bravo. As ondas estavam gostosas. Dudu, ansioso por saborear esta última surfada antes de casar, explicou a Nicholas que costumavam fazer uma oração antes de entrarem na água. Para Nicholas agora isso fazia todo sentido. Deu a mão a Guido. Fizeram um círculo. Guido conduziu a oração. Ele invocou o Espírito Santo, nesse dia tão especial da despedida de solteiro do Dudu. Pediu a Deus por todos, tendo uma atenção especial para Nicholas, que surfava pela primeira vez com eles e já era um irmão em Cristo. Nicholas estava tocado pela forma simples com que o "padre" falava com Deus. Tudo muito emocionante, mas muito natural também.

Maurício se desprendeu do grupo e correu para o mar. Nicholas não queria perder cada palavra daquela oração. Foi sentindo uma adrenalina boa, que lhe dava confiança, saboreando aquele momento de partilha e pensava: "Como é bom os homens serem irmãos, solidários, torcerem uns pelos outros." Dudu, com um sorriso largo no rosto, disparou para as ondas. Nicholas foi ficando perto de Guido e sentiu uma estranha proteção como se estivesse ali junto dele um anjo vivo.

Guido parou antes de entrar no mar. Nicholas se distanciou um pouco, mas sem pressa. Guido deu uma passada com os olhos pela prancha que Dudu lhe emprestou onde, na parte de trás, estava escrito a sua frase preferida do Evangelho "Estreita é a porta e apertado o caminho que levará ao reino dos céus, muitos tentarão, mas poucos conseguirão". Lembrava que Dudu mandara inscrevê-la por sua recomendação e hoje, ao lhe entregar, dissera como aquela prancha era especial. Foi entrando na água e viu ao longe a silhueta de seu irmão Maurício pegando onda. Dudu esperava pacientemente a sua onda. Guido rezava para que ele pegasse uma perfeita, afinal de contas era a sua festa. Nicholas continuava remando, ele não queria se afastar muito do "padre".

Guido se estendeu na prancha, remou sem pressa. Contemplava o mar. Mais uma vez ali no mar, ele encontrava com Jesus. Todas as vezes uma sensação diferente. Com certeza naquele momento entregou a sua vida nas mãos de Deus. Aquela tranquilidade de alma de quem repetia muitas vezes "Se eu permanecer no amor de Deus, Deus permanecerá em mim".

Nicholas olhou para trás, algo continuava a impeli-lo para não se distanciar deste novo amigo. Guido sorriu para ele.

– Cara, vem aí uma série de ondas – disse, excitado, Nicholas.

A série de ondas foi ganhando corpo. Nicholas sofreu o impacto de uma das ondas. Perdeu a prancha. Conseguiu recuperá-la se desembrulhando da ressaca... Não viu Guido. Pensou: "O cara deve ter escapado da onda e já deve estar pegando a melhor onda da série, porque é o melhor surfista entre a gente. O cara tem uma relação íntima com o mar, com as ondas." Quando preparavam as pranchas para entrar na água, Dudu tinha dito que o "padre" encontrava Deus no mar, nas ondas. Para Nicholas, levando em conta suas experiências efêmeras de espiritualidade, não havia dúvida de que era no mar e nas ondas que se sentia mais conectado com o divino.

Dudu, remando, passou por ele com uma aflição no olhar. E Nicholas se voltando reparou que um cara estava boiando na água. A postura era a de quem tinha se afogado. Pela aflição que viu em Dudu, não teve dúvida. O seu receio se confirmava, porque era a prancha e o calção de Guido. Dudu, enquanto remava com todas as suas forças o mais rápido que podia, exclamava: "Meu Deus, o que está acontecendo?!" Quando chegou perto do amigo, ele estava desacordado, ali se afogando. Passou o braço em torno do amigo e nadou em direção à praia pedindo a Deus toda a energia para chegar à areia o mais depressa possível. O mar, com sua correnteza, foi ajudando. Ao chegar, foi levantando a mão e pedindo socorro: "Me ajuda aqui, me ajuda, o meu amigo está se afogando." Logo apareceu uma multidão. Tiraram Guido da água.

Maurício, que estava concentrado no pico da onda, naquele momento ficou preocupado porque Guido não aparecia. Ao longe, viu Dudu arrastando alguém para a beira da praia. "Puxa, alguém se afogou!" Depois reparou melhor e se deu conta de que conhecia a bermuda: "Meu Deus, é o meu irmão!"

Guido foi colocado na areia e rapidamente chegou o salva-vidas. Ele tentou fazer a reanimação, uma respiração boca a boca. Dudu não estava acreditando no que estava acontecendo: "Imagina só, o Guido, tão bom de prancha, como é que ele pode ter se afogado?" Dudu só rezava. Nicholas já deixara de lado a sua prancha e se aproximou correndo. Viu toda aquela gente rezando. Começou a se questionar: "Aquela onda também era para mim. Caramba, eu cheguei a senti-la... Mas ela pegou o Guido, o 'padre', um cara tão legal, ligadão ao mar, que já se livrou de muita onda grande." As interrogações de Nicholas estavam profundamente marcadas pelas lutas que já travara com a morte. Guido foi o seu anjo da guarda. Então, juntou-se com fervor à oração. Tinha muita fé de que o "padre" ia se safar. "Se eu me safei, imagina se um cara tão especial como o 'padre' não vai sair dessa!"

Maurício se aproximou e entrou em desespero. Não conseguia medir o pulso do irmão. Naquele momento de nervosismo era impossível. As orações ficavam cada vez mais fortes. O céu, que entretanto nublara, ficara mais pesado. Então, um feixe de raios de sol iluminou o grupo que estava rezando. Para Maurício era um sinal de Deus. Rezou com mais esperança. Nicholas, mesmo sem ser da Igreja, continuava a acompanhar as orações, tinha fé que um milagre pudesse acontecer. "Este cara não pode morrer!" Acabara de conhecê-lo há apenas uma hora e já estava tão ligado a ele, inclusive pela mesma "onda". Nicholas pegou na mão do Dudu, que não parava de rezar.

O salva-vidas continuava fazendo respiração boca a boca. Maurício, já esquecido da beleza daquele feixe de luz, entrou em completo descontrole: "O meu irmão! O meu irmão!" Dudu passou o seu braço pelos ombros do amigo e disse: "Tenha fé, o teu irmão vai voltar." Maurício suplicava com uma oração cada vez mais intensa. O feixe de luz continuava a iluminá-los como um sinal divino. Finalmente escutaram a sirene da ambulância. Colocaram Guido na maca. Levaram-no para o hospital. Dudu ajoelhou no calçadão e entregou o destino do amigo para Nossa Senhora: "Nossa Senhora, Nossa Senhora, pelo amor de Deus, traz o Guido de volta." Dudu estendeu as chaves do seu carro a Maurício e decidiu ir no carro do salva-vidas. Maurício estava tão nervoso que não conseguia dirigir, as suas mãos tremiam. Nicholas, que já estava fazendo parte da história daquele novo amigo, saltou para o lugar do condutor e dirigiu, mesmo não tendo carteira.

O prato de Guido continuava na mesa. Nazareth, que tinha dado uma descansada depois do almoço, estava apreensiva. Perguntou para Alcemira:

– O Guido ainda não chegou da praia?

– Não.

– Mas ele está demorando muito – replicou, aflita, Nazareth.

A empregada a acalmou:

– Sabe como é despedida de solteiro; almoçaram por lá.

– Mas, se tivessem almoçado por lá, Guido tinha avisado.

Nazareth não escondia o seu receio de mãe. Foi passear com o cachorrinho para dar uma relaxada.

A ambulância rasgava as estradas da Barra. O carro do salva-vidas que a seguia tinha uma imagem de Jesus. Dudu falava com a imagem "Jesus, por favor, traz o Guido de volta? Eu prometo que vou falar dele para muito mais gente". Essa era a oração bem firme de Dudu que foi dizendo para o salva-vidas: "Você não sabe quem é essa pessoa? Ele é muito amigo de Jesus. Ele vai trazê-lo de volta." A ambulância chegou ao Hospital Lourenço Jorge e o carro do salva-vidas logo atrás. Dudu saiu do carro e se dirigiu para o consultório da médica e disse para si mesmo: "Tenho confiança que Guidinho vai voltar à vida."

XXIV

O anúncio da morte

DUDU ENTROU NO CONSULTÓRIO, a médica se levantou. Houve um silêncio.

– O meu amigo vai se salvar, não vai?

– Sinto muito – disse a médica condoída, porque, além de um ser humano, se tratava de um colega de trabalho.

– Ele morreu? – as lágrimas correram pelo rosto de Dudu.

– A gente tentou toda forma de reanimação, mas infelizmente ele faleceu.

Dudu ficou sem chão, aquilo não podia estar acontecendo, logo Guido, nas vésperas do seu casamento. Ainda tinha uma esperança que a médica mudasse de opinião, porque o seu amigo podia ter ressuscitado como Lázaro. Mas o óbito estava confirmado. A medicina não podia fazer mais nada. Saiu do consultório. "Meu Deus, como é que pode Você ter deixado isto acontecer?" Naquele andar do hospital se sentou num paralelepípedo. Estava junto a um janelão. Olhando o céu, viu que este estava pintado por um deslumbrante arco-íris.

E, no seu coração, veio a música: "E, quando amanhecer, o dia eterno, a plena visão, ressurgiremos por crer nesta vida escondida no pão…" E, entre as cores do arco-íris, rapidamente veio à sua memória o dia em que ele se converteu na totalidade a Jesus. Foi um pouco depois de começar a participar no grupo Fogo no Espírito Santo. Guido chamou Maurício e ele a irem num retiro para líderes da Renovação Carismática Católica. Ele estava se sentindo um peixe fora d'água, queria ir embora. No quarto, antes de fazer a mala, Guido convidou os dois para uma oração. A luz estava apagada, a porta fechada. Ali, Dudu baixou a guarda para Deus e pensou assim: "Senhor, se tem alguma coisa para fazer agora, eu estou aberto. Faz conforme a Tua vontade." Nesse momento, no escuro do quarto, reparou que a janela tinha uma fresta aberta e que Guido, ajoelhado, tinha sobre a cabeça um feixe de luz. "Caramba, Guido estava sendo canal do Espírito Santo para ele!" Quando terminou a oração, sem vergonha de estar ali ao lado de Maurício e de Guido, começou a chorar copiosamente. A experiência que estava tendo era como um coração de pedra se transformasse num coração de carne, era como se estivesse renascendo para a vida. Na semana seguinte viveu uma lua de mel com Deus. E, como Guido tinha sido canal do Espírito Santo para ele naquele retiro em 1999, agora ele é que estava sendo intercessor, canal de graça para Guido.

A imagem do arco-íris se misturava com a música que invadira a sua alma, e numa estranha alegria, não tinha dúvida, Guido estava dançando em direção ao céu. Depois chegou Maurício, abraçaram-se numa comoção muito grande. Foram ver o corpo de Guidinho. Dudu deixou uma imagem de Nossa Senhora no peito do Guido e pediu a Ela para tomar conta do amigo. As lágrimas não paravam de rolar no rosto de Maurício. Ele, além da dor, se sentia culpado por ter convidado o irmão para esta surfada. Como podia estar acontecendo uma tragédia destas ao irmão, que era tão temente a Deus, logo o Guido, sempre tão protegido. Tanta gente ruim que escapa, por que é que o Guido não havia escapado? Ele que ainda tinha tanta coisa boa para dar?

Dudu o abraçava de novo, apertando o amigo nos braços e transmitindo que só a fé podia libertar os dois do trauma. Mas os óculos humanos de Maurício não enxergavam a vontade de Deus. Como iria comunicar esta notícia aos pais? Estava sendo duro demais para ser real. Dudu aconchegava Maurício no seu peito e lhe disse:

– Vou estar junto contigo para darmos a noticia à tua mãe.

Nazareth recém-voltava do passeio com o cachorrinho pelas ruas de Copacabana. Pensava que se o Guidinho ainda não tivesse chegado, telefonaria para o celular da mãe de Dudu. Eles não tinham levado o celular para a surfada. E ela estava sentindo um aperto no coração. Quando ia a entrar no prédio, reparou que era o carro de Dudu entrando na garagem. "Graças a Deus chegaram!", exclamou com alívio. Acelerou o passo para a garagem. Para sua surpresa, só viu saírem do carro Dudu e Maurício.

– Cadê o Guido? – perguntou imediatamente.

Maurício e Dudu se entreolharam.

– Gente, cadê o Guido? – insistiu Nazareth com um nó na garganta.

Dudu e Maurício, impelidos por um mesmo sentimento e uma mesma dor, correram para Nazareth e a abraçaram.

– O que aconteceu com ele, foi acidente?

Os dois rapazes desataram num choro, ininterrupto.

– Ele está bem? Onde é que ele está? – imediatamente veio à mente de Nazareth a imagem de Nossa Senhora junto da cruz e de seu filho. Só Ela poderia ajudá-la nesse momento, um momento semelhante ao que Nossa Senhora passou.

– Mamãe, ele morreu! – a voz do Maurício estava afogada pelas lágrimas.

O coração de mãe nunca se enganava e Nazareth já tinha percebido o que acontecera.

– Me levem onde está o meu filho.

– Você não pode, mamãe, você tem que ficar com o pai, a gente cuida disso, o corpo está no hospital, mas já está saindo para o Instituto Médico Legal.

Dudu abraçou de novo Nazareth, sentindo as lágrimas daquela mãe inconsolável; acompanhou com o olhar Maurício e ela entrando no elevador. Subiram, Nazareth pediu todas as forças a Nossa Senhora para comunicar a notícia ao marido. Era uma notícia difícil para se dar porque o pai de Guido já tinha feito ponte de safena. Ele estava sentado na sala e, quando ouviu o barulho da porta, pensou que era Guidinho que estava chegando para almoçar; como desejava a companhia daquele filho. Mas quem entrou foi Maurício seguido de Nazareth, que já largara o cachorrinho. Ambos não conseguiam esconder as lágrimas: quanto mais as esfregavam com as mãos, mais estas rolavam pela pele do rosto. Os olhos de mãe e filho estavam vermelhos. Nada disso passou despercebido pelo atônito Dr. Guido. Eles foram tentando contornar a pergunta clara e objetiva do Dr. Guido:

– O que está acontecendo com Guido?

Eles tentavam prepará-lo para não receber a trágica notícia sem levar um choque. Só que começaram a colocar os pés pelas mãos. O Dr. Guido Manoel era patologista, acostumado a estas situações. E perguntou sem rodeios:

– Ele morreu?

Nazareth e Maurício continuavam sem coragem de contar a verdade.

– Morreu? Me digam se morreu!

Eles foram forçados a dizer que sim.

– Morreu, sim; o nosso filho morreu – confirmou com a voz embargada, Nazareth.

Foi chocante para o pai de Guido. Abraçados, choraram por ele sentindo uma grande dor, uma dor que vinha das entranhas.

XXV

A revolta

ANTÔNIO, O MERICA, estava chegando à garagem do prédio para começar o seu turno quando viu Dudu e Maurício abraçados à dona Nazareth. Achou aquilo tudo muito estranho. Procurou o colega que ia substituir. Quando o encontrou, perguntou em seguida:

– O que aconteceu? Me pareceu ver dona Nazareth, Maurício e Dudu chorando.

– O Guidinho faleceu, morreu afogado – revelou o porteiro que estava no turno anterior.

– O Guidinho...

As pernas de Antônio começaram a tremer, sentiu uma tontura, o outro porteiro o amparou.

– Não, isso não pode ser verdade! Com o Guidinho não, Deus não ia permitir!

Na Barra, padre Jorjão estava na terna companhia de sua mãe. Acabara de celebrar a missa de manhã. O celular tocou. Ainda hesitou em atender já que estava dando atenção à sua mãe. Mas ela já se acostumara a ver seu filho sempre pronto para atender um aflito. Atendeu.

– Padre Jorjão, o senhor tomou remédio hoje?

A pergunta deixou o padre surpreso.

– Tomei o remédio para pressão, por que é que está me perguntando?

– O senhor está bem?

– Sim, o que aconteceu? – O papo estava ficando cada vez mais estranho.

– Está calmo?

– O que aconteceu? Diz logo!

– Está tranquilo?

– Com esse papo você está me deixando nervoso.

– O Guido...

– O Guido o quê?

– O Guido morreu.

– O Guido morreu...

Padre Jorjão foi repetindo, incrédulo, "o Guido morreu", já nem estava escutando as explicações que eram dadas de como tudo se passou. "Guido morreu... Deus, me perdoe, como é que o Senhor deixou fazer isso?" As lágrimas corriam pelo seu rosto. A mãe nunca o viu num tamanho desgosto, ele acabou contando a ela o que estava acontecendo. Não entendeu como Deus deixou acontecer isso com um rapaz que se transformaria naquele padre que iria contagiar as pessoas. "Como, meu Deus!" O seu coração se sentiu invadido pela revolta.

A irmã Caritas estava na casa de Bonsucesso, na Av. Brasil, eram cerca de quatro e meia da tarde, ela costurava. Uma das irmãs atendeu o telefone, mas não estava escutando bem o que lhe diziam. Entendeu apenas que era do

Seminário São José. A irmã Caritas largou o que estava fazendo e foi atender o telefone. Era o padre Célio, orientador espiritual; ele comunicou que Guido tinha ido surfar e falecera. A irmã Caritas ficou em estado de choque, não queria acreditar. Lutou contra a revolta que estava sentindo. Em seguida, ligou para a dona Nazareth. Esta, num tom de voz muito calmo, confirmou a tragédia. A irmã, lavada em lágrimas, dirigiu-se para a capela. Não entendia o que o Senhor tinha feito, morria de saudade de Guido. Perdia um amigo, um confidente, um irmão, um filho. Em oração se lembrou das muitas conversas que tivera com o Dr. Guido. Uma relativamente recente iluminou o seu coração. Ele falava do céu. E falou tão bonito que os seus olhos brilhavam. A irmã Caritas se arrepiou toda ao relembrar este momento. Guido disse: "Sabe que o que me prende neste mundo é frágil como um fio de cabelo. Por mim, eu já estaria lá!" No meio de muita dor, a irmã Caritas pôde compreender melhor a vontade de Deus. A vontade de Deus era o que movia a vida de Guido. Também ela entregava o seu sofrimento ao Senhor e aos Seus desígnios e já imaginava Guido surfando no oceano do amor de Deus.

Cambeto tinha ido surfar nessa manhã na praia da Macumba. Estava em casa quando Maurício ligou do carro do Dudu e logo disse: "Olha, o Guido faleceu." Na hora, Cambeto preferiu entender que era o pai de Guido. Não que quisesse que o pai dos amigos morresse. Mas era quase quando alguém reage em legítima defesa. Queria se defender de uma notícia tão brutal; como o pai dos meninos também se chamava Guido falou: "O seu pai, não o Guidinho."

Dizia:

– O Guidinho! Como? Não pode, não pode, essa novela não pode acabar agora, o final não pode ser este! Ele tinha todo aquele sonho, Deus não pode tirar sua vida agora. Ele tem um projeto para a Igreja, ele vai ser importante para Deus.

Cambeto ficou atordoado, sem chão. Depois se ajoelhou em prantos. Nada fazia sentido. Ligou para seu primo, que também fazia parte da turma de amigos de Copacabana, para se encontrarem com Maurício. Neste momento, Cambeto, que já era guarda municipal, juntou-se ao primo e foi com Maurício para a delegacia. Seguiram para o hospital Lourenço Jorge onde estava o corpo, eles tiraram o corpo da gaveta para Maurício reconhecer, ele botou a mão no corpo de Guido e todos rezaram.

Dom Romer estava em oração quando recebeu a trágica notícia através de padre Jorjão. Já vivera situações análogas, mas esta lhe tocou de uma forma especial. Humanamente não pôde deixar de desabafar com Deus Nosso Senhor: "Que pena!" Em momento de contemplação vieram de imediato à sua mente belas recordações de momentos com Guido. Um ser humano luminoso, uma vida tão reta na santidade de Deus. Num impulso de quem fora pai na vocação, desabafou "Por que é que não o proibi de surfar?!" Mas tinha que aceitar a vontade de Deus. Essa vinha sempre primeiro que os planos humanos. Guido tentou levar a vida com total pureza de alma, ele viveu numa grande oblação a Deus com os necessitados, os mais pobres dos pobres. Só Deus podia julgar a pureza de coração de cada um.

Mas ele, condoído, não se admirava das histórias que entretanto tinham contado a ele das graças atribuídas a

Guido. Ele espalhava alegria por onde passava. E também não se admirava dos combates que Guido tivera com o inimigo, que sempre reage a uma alma pura. Não era por acaso que sempre defendia que Guido todos os dias tentava imitar Jesus Cristo. E sabia que esse dom do exorcismo era uma das razões da sua urgência em ser ordenado. Mesmo que o bispo não proíba o exorcismo simples, se for feito sem espetáculo, e por um coração puro como o de Guido. Até nessa inquietação Guido tinha a bênção do Dom Romer. Na sua oração, nos seus pensamentos, Guido estava na presença de Deus, mas o seu coração sentia uma enorme falta daquele seu discípulo que ele viu nascer para a vocação.

Ana Luísa, a jovem publicitária que conhecera Guido pregando num grupo de oração e, depois de o ver falando, ficou com a atenção completamente presa. Era uma pessoa que falava de Deus de um jeito que ela nunca tinha ouvido, sobretudo sendo Guido tão jovem. Naquele dia ela estava num evento dentro da igreja quando recebeu a ligação de uma grande amiga, Juliana, que contou:

– Eu tenho uma notícia muito triste para te dar: o Guido morreu.

– O Guido? Será que você não recebeu a notícia errada? – respondeu Ana Luísa incrédula.

– Não, o Guido estava na praia e ele morreu pegando onda. Ele está no Lourenço Jorge... – explicou Juliana.

Nessa hora a bateria do celular acabou e Ana Luísa pensou "praia, feriado, tudo, meu Deus!" Aquela notícia dada de supetão desestabilizou-a por completo... Se abraçou à mãe que estava próxima dela e lhe disse: "Por favor, mãe, vamos para o Lourenço Jorge?" No caminho, implorava ao Senhor com uma dor infinita: "Senhor, Senhor que pode tudo, que ressuscitou Lázaro, ressuscita um cara tão bom como o Guido." De repente, uma grande paz chegou ao seu coração e desabafou "Senhor, que seja feita a Sua vontade, e não a nossa, a Sua sabedoria é infinita".

Angela viajara com o marido e as filhas para a fazenda da sua sogra. Uma viagem que demorava mais ou menos duas horas. Mas, como estava um trânsito horrível, foi muito mais demorada. Tiveram que almoçar na estrada. Quando chegaram estavam tão exaustos que foram descansar. A fazenda não tinha telefone fixo, de forma que não dava para ninguém avisar diretamente. Depois, ela foi com o marido e as crianças olhar as vaquinhas no curral. Esse era um programa que as meninas adoravam. Em seguida foram dar uma olhada na plantação de cana. Aí, andando nesse campo, de repente, o sinal de rede funcionou e o cunhado de Guido se surpreendeu ao ver que o celular estava cheio de ligações perdidas. Angela ligou para casa e foi a mãe que atendeu chorando muito. De início, ela pensou que tinha acontecido alguma coisa com o seu pai. Depois, quando percebeu que era Guido, não conseguiu absorver a notícia. Não entendia como o seu irmão podia ter morrido. Não era possível. Só podia ser um engano. Mais ainda surfando; ele surfava tão bem. Caiu de joelhos. Foi consolada pelo marido e pela sogra. As filhas também não entendiam muito a morte do tio. Só queriam estar perto da mãe, do pai e de Maurício. Decidiram, então, pegar a estrada de volta para o Rio. Iam no sentido inverso ao do trânsito, como se a estrada fosse só para eles. Mas a viagem pareceu muito mais longa porque a dor era incomensurável. "Guidinho, como era possível!"

O professor Milton tinha viajado naquele fim de semana prolongado para Minas Gerais para o casamento de sua sobrinha. Foi antes da boda que recebeu um telefonema comunicando o acidente que Guido sofrera. Ele era um homem habituado à morte e a reter as lágrimas, mas a emoção tomou conta dele. Chorou muito. Se recolheu na igreja. Era Guido que mais uma vez o levava para a Igreja. Naquele momento de oração as dúvidas tinham se dissipado; Guido voltara para o céu. Ele era um ser humano fantástico. Veio depois saber de como muitos pacientes do hospital choraram a morte de Guido. Ele foi como um Cristo para esses doentes.

XXVI

Campeão do mundo

Um dos melhores amigos de Guido, Rodrigo Resende, foi campeão do mundo de surfe em grandes ondas. É conhecido no metiê do surfe pelo apelido de "The Monster". Ele conta com humildade e certa timidez que quando tinha os seus doze, treze anos, andava com um pessoal já grandão, amigos do irmão mais velho. Quando as ondas eram muito grandes aquele pessoal ficava com medo e não entrava na água e ele, garoto, com sua prancha, se jogava no mar. Era destemido e desde cedo se habituou a enfrentar e desfrutar daquelas ondas que assustam.

Rodrigo tinha essa cumplicidade com Guido. Ambos eram ousados, corriam riscos, levavam a vida no limite. Guido não era um surfista profissional como ele, mas já entrara em vários mares, era corajoso, pegava onda de um jeito simples. O seu jeito. Aquele mesmo jeito que o cativou quando o conheceu na faculdade de medicina Sousa Marques. Mesmo de turmas diferentes ficaram logo muito amigos. Ligados pelas suas duas paixões, a medicina e o surfe. Nazareth se lembra de que nos primeiros tempos de faculdade Guido chegou à casa muito empolgado e disse: "Adivinha quem é meu colega? O Rodrigo Resende!" Os dois estudavam sempre juntos com outro amigo do coração, o Leozinho. Eram dois anjos com quem partilhava o curso, as ondas e papos bem gostosos.

Estudava muitas vezes na casa de Guido em Copacabana. Lembrava-se muito bem do quarto onde passavam horas queimando pestana. Havia sempre um lanche e ele olhava para aquele pôster que dizia: "Estreita é a porta e apertado o caminho que levará ao reino dos céus, muitos tentarão, mas poucos conseguirão." Perguntava ao amigo qual era o significado. Guido falava da porta estreita e que, para entrar no céu, era preciso se preparar como se fosse para ganhar um campeonato do mundo de surfe. Rodrigo não tinha prática religiosa, mas não era chato escutar Guido falando de Deus, era bem legal, consolador até. Passou a ler com um sentimento diferente os trechos da Bíblia que Guido indicava. Quando regressava para casa, sentia o coração cheio. Realmente os cheiros do mar e dos hospitais eram a sua vida. Como ficava horas surfando, também ficava horas curtindo o movimento dos corredores dos hospitais enquanto o seu querido pai consultava os doentes. O seu pai era médico, de hospital público, um pouco à imagem do professor Milton. Até aí havia mais uma coincidência com Guido, porque o professor Milton era como um pai da medicina para Guido, que tinha também um pai patologista.

Naquele primeiro de maio de 2009, Rodrigo estava em casa quando recebeu a notícia da morte de Guido pelo telefone. O seu coração acelerou como se fosse atingido pela fúria de uma onda que nos joga contra as rochas. Na sua mente estava tudo trocado: era ele quem surfava as ondas mais assassinas. Os amigos "santos" como Guido e Leozinho eram quem devia estar contando a história dele. Pela ordem natural das coisas, era ele quem devia ter morrido no mar. Submergiu em uma tristeza inconsolável. Lembrou-se primeiro do pai. Como amava o seu pai. Era o seu herói. Queria ser um médico como ele. E, um dia, de uma forma violenta, quando sacava dinheiro da máquina, uns bandidos o mataram. Seu pai era gente tão boa, cuidava de doentes sem meios, dos pobres, que coisa sem sentido esta morte, tão injusta. Onde estava Deus?

Deixou a medicina e viajou para o Havaí. Sabia que podia estar surfando a maior onda do mundo que seu pai e Guido estariam ali com ele. Não esqueceu como a trágica morte do pai o abalou de tal forma que não teve condições de ir à festa do seu curso de medicina. As palavras de Guido mais uma vez o confortaram, estaria sempre rezando por ele. Guido acompanhava o percurso do amigo, com tamanha lealdade, pela televisão. Mesmo ele estando longe, no Havaí, Guido era uma presença consoladora no dia a dia. Não, ele não podia ter morrido! Porque a mágoa já o tinha atingido quando Leozinho, aquele cara maravilhoso, que só tinha coisas boas para oferecer ao mundo, depois de uma surfada morreu atropelado.

Em Petrópolis, onde foi a missa de Leozinho, Guido tomou a palavra e falou que ele estava lá em cima surfando no céu. As suas palavras permanecem eternas no coração da família do Leozinho. E agora era o próprio Guido que ia embora. Primeiro o pai, que amava tanto e queria seguir as pegadas. Depois o Leozinho, um anjo. Agora Guido, quem ele viu com os seus próprios olhos cuidar com um amor desmedido dos mais marginalizados da sociedade. O cara que lhe dizia com uma confiança absoluta, que ele podia surfar uma onda enorme sem medo porque estaria rezando por ele. "O que está acontecendo, meu Deus?" A sua alma esvaziava por completo. E alma vazia é a pior dor do mundo. Além do mais, sentia uma culpa. Guido pedira a ele para que fizesse uma prancha escrito "Leão de Judá". E ainda não tinha começado a trabalhar nessa prancha. "Desculpa, Guido; como sinto uma imensa saudade de você."

XXVII

O teu sacerdócio vai atravessar fronteiras

NILZA É ESTETICISTA. Conheceu Guido quando tinha 42 anos. E, como aconteceu com muitos, logo no primeiro contato percebeu que ele era uma pessoa diferente. Com uma serenidade, uma calma, uma luminosidade ímpares. Tudo aconteceu numa pregação em uma capela. Ficou olhando para ele o tempo inteiro como se fosse Jesus falando. Depois ele, como fazia com todo o grupo, rezou para ela. Ela que buscava a fé, participava na igreja, mas por pura rotina, sem alegria, sem fé, estava encontrando finalmente Jesus ressuscitado. Sentiu-se curada pela oração de Guido. Ela carregava um problema que a deprimia. Tinha a ver com o passado. Sofrera muita rejeição. Guido fez com que ela se sentisse útil. Foi, sem dúvida, o instrumento humano para a sua libertação. Ele tinha esse dom, de tocar em algo que como um nó amarrava e impedia a felicidade. Então ele, em oração, desatava esse nó e colocava Jesus como o grande libertador.

Nilza passou a acompanhá-lo na visita aos doentes na Santa Casa. Ela é mais uma das pessoas que testemunha o quanto Guido lembrava Jesus quando chegava ao hospital. Há uma frase que elucida bem as visitas de Guido ao hospital: ele atraía as pessoas como um favo de mel. Via o doente por inteiro: mente, corpo e alma. Nilza também observava como ele separava as doenças do corpo ou da mente das do espírito. Ou seja, se o mal era de origem física, ou psíquica, ou era da alma. Então, quando detectava que o mal estava no espírito, receitava um salmo ou uma passagem da Bíblia. Variava, porque, para os estressados, era um determinado salmo, para os irados, outro, e assim por diante. Muitas vezes, ela, na ausência de Guido, ia com outra pessoa visitar os doentes da Santa Casa, levar a eles o amor de Jesus. Como isso a realizava! Acompanhou muitas vezes Guido em retiros da comunidade Canção Nova, ministrados pelo próprio padre Jonas, a quem Guido escutava com muita atenção.

No ano em que Guido, por orientação do Dom Romer, fez o ano de teste à sua vocação, ele, um jovem da zona sul do Rio, se empenhou em criar uma comunidade numa zona carente como Queluz. Guido era um idealista, um sonhador e acreditava que com a força e o alento do Espírito Santo podiam nascer comunidades-modelo, como nos Atos dos Apóstolos. Assim dividiam-se os bens, atendia-se os doentes, alimentavam-se os famintos. Também ali se deu o combate das trevas com a luz. Ele tinha o costume de rezar o Angelus ao meio-dia. Uma paciente com o terço na mão aguardava a consulta. Era meio-dia, ele pediu um minutinho porque ia rezar o Angelus. Quando começou a oração ela começou a gritar, a manifestar um comportamento estranho e ficou muito agressiva. Ele se aproximou, pediu para ela se acalmar. Ela foi ficando cada vez pior. Então, Guido orou, orou, orou e em nome do todo poderoso Jesus Cristo fez com que a moça se libertasse e curasse.

Guido, passados uns meses buscando discernimento em seu espírito, percebeu que estava imaturo para aquela experiência. Ele tinha grandes sonhos, o de construir um hospital só para os pobres, seguindo o exemplo do padre Pio. Mas ainda não era o momento. O padre Jonas, que acompanhava de perto esta experiência comunitária, o aconselhou a entrar para o seminário. Podia continuar a sua obra no Rio de Janeiro até porque a sua atuação na Santa Casa e com os irmãos de rua estava dando bons frutos. Rezou por ele e profetizou, inclusive, que a mão poderosa de Deus estava sobre Guido e o seu sacerdócio ia atravessar fronteiras.

Estava em casa quando pelo telefone lhe disseram que Guido falecera. Foi como os estilhaços de uma bomba atômica de tristeza se cravassem por todo o seu corpo. Chorou horas a fio.

XXVIII

Uma estrela que brilhava na comunidade

O PADRE ELIAS É UM HOMEM BAIXO, olhar terno e acolhedor. Descendente de um basco e de uma índia. A sua vocação foi precoce, mas firme. Conheceu Guido quando trabalhava como padre auxiliar na paróquia de Braz de Pina, perto da Penha. Guido, como seminarista, foi enviado para estagiar com o pároco, o padre Alberto. O curioso foi que padre Elias mal botou os olhos naquele seminarista médico e se deu conta de que era uma "estrela" que vinha para brilhar no meio daquela paróquia e comunidade com os seus conflitos e violências. Guido aparecia com a calça preta, camisa branca e mochila e carregava uma simplicidade que impressionou padre Elias.

O querido pároco, o padre Alberto, de início andava um pouco de pé atrás com Guido; dizia que o rapaz só sabia tocar na cabeça das pessoas. E era verdade, Guido impunha muito as mãos na cabeça dos paroquianos por quem rezava. Mas com o decorrer dos tempos aquela "estrela" começava a brilhar aos olhos do padre Alberto. Primeiro percebeu que Guido se ausentava e se embrenhava na comunidade. Fazia-o em silêncio e discretamente. Era arriscado. Depois, de dentro da comunidade, vinham contar a ele histórias daquele médico seminarista. Nada da boca do próprio. Havia uma senhora que tinha um dos pés doente, um inchaço crônico, muito doloroso. Ele a visitou, tocou seu pé, passou um remédio e rezou por ela. O inchaço se foi, e nunca mais ela se queixou de dor. Isso abalou o padre Alberto, mas ainda não totalmente. Depois, aconteceu também com ele próprio, tinha um mal de estômago grave que os médicos não entendiam. Por intermédio de Guido conseguiu curar-se. Já não tinha dúvida que o rapaz era uma estrela que brilhava.

As pessoas na comunidade vinham encontrar Guido como ele fosse um apóstolo de Deus. Comovia tanto padre Alberto como padre Elias, que sempre teve certeza de que aquele médico era um ser humano luminoso. Ele rezava ou mandava rezar muito a oração de São Miguel: "São Miguel Arcanjo, protegei-nos no combate, defendei-nos com o vosso escudo contras as armadilhas e ciladas do demônio. Deus o submeta, instantemente o pedimos; e vós, Príncipe da milícia celeste, pelo divino poder, precipitai no inferno a Satanás e aos outros espíritos malignos que andam pelo mundo procurando perder as almas. Em nome do Pai, do Filho, do Espírito Santo, Amém."

As pessoas iam se libertando. Foi muito tocante ver como ele rezou pela neta da dona Sebastiana, a cozinheira da paróquia. A menina estava muito doente e curou-se. A sua fama ia se espalhando e aquelas pessoas queriam muito que ele continuasse no meio delas como uma estrela que brilha.

Naquele dia primeiro de maio de 2009, padre Elias tomou conhecimento da morte de Guido através de padre Alberto, que chorava muito no salão paroquial e não conseguia controlar as lágrimas. Padre Elias subiu ao quarto onde Guido dormia enquanto esteve na comunidade. Naquela manhã, por coincidência de Deus, dobrara o pijama que Guido esquecera, para enviar ao Seminário. Então, em silêncio, se sentou na cama, pegou no pijama e só conseguia agradecer a Deus porque tinha vivido com um "santo".

XXIX

Nasceu uma vocação

A IRMÃ JOANA TEM UMA COMUNIDADE religiosa em São José Bonifácio, no interior de São Paulo. Em 2005, de visita ao Rio de Janeiro, Jesus a botou no caminho do Guido. Através de amigos comuns, foi à missa na Santa Casa celebrada pelo padre Anselmo. Em seguida, se juntou ao grupo de oração coordenado por Guido e rezaram pelos doentes. Logo sentiu que aquele médico era um poderoso instrumento do Espírito Santo. Então, mantiveram uma amizade até que em 2007 convidou Guido a ir a São José Bonifácio. A partir deste trabalho em conjunto se deram muitas graças e curas de libertação. A irmã Joana testemunha que muitas pessoas viam Deus através de Guido.

Um das histórias é a de Mariana, nascida em 1990 em São José Bonifácio. Aos 13 anos entrou para o goticismo, invocaram sobre ela sete demônios e fez com estes um pacto de sangue no cemitério, começou a se drogar e a roubar. Nesse ano de 2007, quando tinha 17 anos, ela, que estava perdida, foi ao encontro da irmã Joana. Quando foi ver a palestra do Guido, ela já tocava bateria na banda que dava suporte aos cânticos de louvor. Começou a vomitar, quebrou várias baquetas e entrou em descontrole total.

No dia seguinte, Guido pediu à irmã Joana para conversar com Mariana. Esse encontro, também por sugestão de Guido, aconteceu num local discreto, longe dos olhares. Ele fez uma oração para Mariana. Todo o mal que estava nela se manifestou. Guido brigou com os sete demônios. Mariana deu pontapés nele com tanta violência que ele voou contra a parede fazendo um estrondo. Foi uma luta longa e difícil. Como o combate de boxe que só chega a uma decisão no último *round*. Em nome do Justo, Nosso Senhor Jesus Cristo, Mariana foi libertada. Depois, chegou o padre e, aconselhada por Guido, ela se confessou e comungou. Foi uma cura tão espantosa que a partir daí passou a comungar todos os dias. Guido profetizou que ela tinha vocação para seguir a vida religiosa.

Naquele primeiro de maio de 2009, Mariana pegou a Bíblia que estava sobre a sua mesinha de cabeceira. Abriu-a e encontrou um pequeno papel escrito pelo Guido onde se lia uma passagem de São Paulo: “Para mim, viver é Cristo, morrer é lucro.” Lembrava de como passou a estar ligada a Guido, seu pai na fé. Realmente, por mais que não quisesse, todos os dias um detalhe a fazia pensar nele. Nesse dia de São José, operário, estava segurando aquele papel quando aconteceu algo impressionante: anunciaram a ela a morte dele. Foi um choque muito grande. Mas Deus lhe dava um conforto incomensurável com aquela frase que tinha entre os dedos, como se Guido já do céu beijasse a sua alma e desse um completo sentido à morte.

XXX

Despedidas

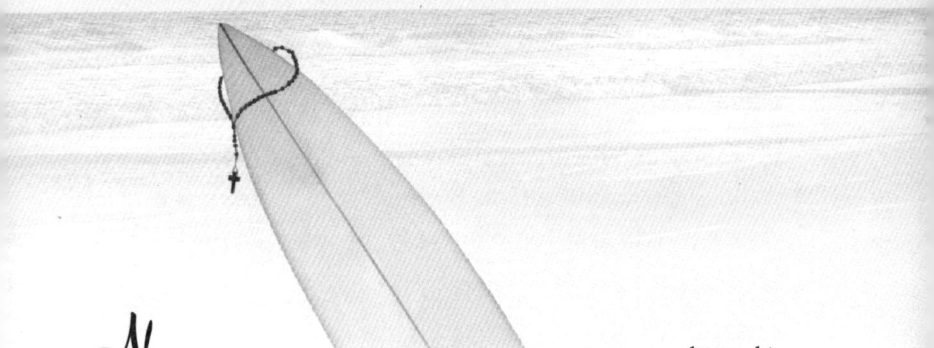

Nazareth para os mais íntimos não escondia as lágrimas, para os de fora mostrava uma grande serenidade. Nessa noite, na presença do padre Jorjão, se agarrava ao exemplo de Nossa Senhora. E era também no exemplo da Virgem Maria que tentava se inspirar para dar sentido à morte do filho. A mãe de Deus que viu o seu filho escorraçado, humilhado, crucificado como um criminoso numa cruz. Aquele que era o Ungido, o Messias, o Rei dos judeus. Além do sofrimento de ver um filho morrer de uma forma tão cruel e injusta, havia o fato de não entender o sentido daquela morte. Maria se agarrava à fé e ao que fora o exemplo de vida do seu filho concebido pelo Espírito Santo. Nazareth também queria se agarrar à mesma fé. Por que Deus levara alguém com tanto para contribuir com a Sua Igreja? Como Nossa Senhora procurava justificativa no exemplo de vida de Guido.

O filho que estava tão vivo no seu coração, tão presente em tudo o que a rodeava. Na imagem de Nossa Senhora do

Carmo onde ele se abandonara em oração tantas vezes reclinando a cabeça no seu regaço. No escapulário que ele deixara no quarto antes de ir surfar. No pratinho onde ficava o sal de São Miguel. Nazareth lembrava de quando rezaram juntos a quarentena do arcanjo de São Miguel e misturaram o sal e a água bentos. Depois da quarentena, transformara-se no poderoso sal do chefe das milícias celestes. E Guido, em oração, usou esse mesmo sal para muitas curas físicas e espirituais. Desde o dia em que Guidinho deixara o seu ventre até aquele derradeiro primeiro de maio de 2009, tantas maravilhas que aconteceram. Por quê, meu Deus, por que levaste tão cedo esse Teu filho na fé, no amor ao próximo?

Recordou que na semana anterior, também devido aos feriados, Guido passara uma semana em casa. E, em oração, Nazareth se deu conta de que ele pressentiu a sua Paixão. Parecia tudo tão próximo. Ela pedira a Alcemira para lhe cozinhar os pratos que ele gostava, como o espaguete com o saboroso molho de tomate. Ele não comia, pedindo desculpas à mãe e dizendo que estava fazendo jejum. Depois se dirigia aos grupos de oração, onde pregava como se estivesse se despedindo de cada um deles. Foi uma semana que Guido viveu num doce enlevo espiritual como se vivesse a sua Páscoa. No meio da incompreensão e da dor, isso ia dando consolo ao coração de Nazareth. E entre as dúvidas e aflições pedia que Nossa Senhora pegasse Guidinho no colo, como ela o pegara no dia do seu batismo e o tivesse carregado no meio de um coro de anjos até os braços do seu filho Jesus.

Também nessa noite a irmã Caritas se manteve em oração. Olhava o Sacrário onde tantas vezes vira Guido rezando. Agora rebobinava na sua memória recente a penúltima vez que o viu na missa do Santo Crisma da Quinta-feira Santa na catedral do Rio de Janeiro. Ele ia à frente carregando a cruz, seguido de todos os seminaristas, diáconos, sacerdotes e bispos. Estava tão concentrado que, ao olhar para ele na procissão de entrada, a irmã Caritas não via o Guido, mas um anjo. O seu rosto irradiava algo de sobrenatural. Guardou essa imagem para si, não comentou com ninguém. Nesse mesmo dia, quando almoçavam na casa das irmãs, uma delas fez a mesma observação: "O Dr. Guido parecia um anjo na procissão de entrada. O rosto dele brilhava." Isso encheu a irmã Caritas de um doce espanto.

Depois desse dia que o viu carregando a cruz, ele visitou-a mais uma vez e trazia uma inesperada tristeza. A tristeza estava relacionada com a possibilidade de fazer uma pós-graduação de ciência médica em Roma. Quatro dias antes daquele terrível primeiro de maio, Guido telefonara para ela. Foi a última vez que escutou a sua voz. Ele falou com o entusiasmo de uma criança, parecia que tinha urgência em partilhar as conquistas espirituais. Falou muito da oração e de que a vida ativa tem de viver da mística em Cristo, só assim ela dá verdadeiros frutos.

Todas estas coisas iam dando sentido à morte do Guido. Ele, mesmo em vida, já estava muito lá no alto. Mas o que realmente conseguia transformar a saudade do seu coração numa visão do céu era como ela guardava cada palavra da conversa com o Dr. Guido neste telefonema e de que ele falara, longamente, de uma forma sublime, da comunhão dos santos. Como se ele pressentisse que, em breve, faria parte do banquete celeste. O que mais a surpreendeu foi que ele, no fim do telefonema, lhe tivesse pedido a bênção. Era sempre o contrário, ele que lhe dava a bênção. Rapidamente se deu conta de que aquela conversa teve significado de uma despedida. E também não tinha dúvida de que Guido surfava naquele mar de cristal que banhava o céu.

Angela, ao voltar à cidade do Rio de Janeiro, não conseguiu dormir naquela noite. Que sentido poderia ter a morte do seu irmão, que também era seu orientador espiritual? Ela conta que Guido, pouco tempo antes, visitara uns doentes, e um senhor de idade lhe disse: "Doutor, já me restam poucos dias, e o doutor tão novo, com tantos anos de vida pela frente, tenho inveja de você." Guido respondeu com um sorriso: "Eu é que tenho uma santa inveja do senhor, quer trocar de idade comigo? Porque não vejo a hora de ir para o céu." Guido comentava muito com ela que, se Deus permitisse a ele escolher um lugar onde morrer, que fosse no mar, um lugar onde O encontrava todas as vezes. Mas o que a tocava, o que ia fundo no seu coração esmagado pela dor, era a terna sensação de que Guido tinha se despedido dela.

No sábado anterior, dia em que a família sempre se reunia para almoçar, contava que estaria com Guido. Ele não foi. Era o período em que ele jejuava e andava pelos grupos de oração. No domingo seguinte, Angela, o marido e as crianças estavam animados para irem à praia. Só que caiu um temporal. Então telefonou para a mãe, e o curioso era que queria muito estar com Guido e perguntou à mãe por ele. Ele estava em casa. Sorriu, esqueceu o temporal e foi tomar o cafezinho das quatro na casa da mãe, em Copacabana, com Guidinho. O cafezinho das quatro reunia a família, era um momento de grande cumplicidade onde bebiam um café e comiam biscoitos. Era como um código de família, só deles, um momento em que falavam de tudo.

Os papos eram sempre gostosos. Mas aquele foi particularmente especial pelo jeito como ele falou de Deus. Ele estava preparando uma palestra para dar no grupo de oração do padre Omar. Ia falar de Jesus e do demônio. Angela se incomodava um pouco com o tema e lhe disse: "Guido, você não tá falando muito do demônio?" Ele, com convicção, respondeu que não era necessário ter medo de denunciar, "a gente precisa falar sobre isso". Inclusive deu a ela um livro sobre exorcismo e libertação do famoso padre da Diocese de Roma, Gabriel Amorth.

Para Guido, era bem claro que a Igreja, inspirada pelo Espírito Santo, tinha que formar o seu exército de exorcistas, sem receios, pois o combate estava se tornando cada vez mais difícil. O inimigo estava tendo a arte e o engenho de criar no seio dos cristãos, a ideia de que o demônio não existe, que não passava de uma fantasia, ilusão, uma coisa medieval. Satanás estava conseguindo instalar a dúvida no cristão relativa às passagens do Evangelho em que Jesus expulsa os demônios. Uma nova inteligência teológica ia fazendo passar a mensagem que os libertos do demônio desses evangelhos sofriam de problemas do foro psíquico, e não espiritual. Guido, ele próprio, era um testemunho vivo de como o diabo se manifestava das formas mais violentas e sutis. Os católicos não podiam se deixar confundir, e ele estava empenhado nesse combate.

Impressionava Angela como seu irmão falava com tanto entendimento, sabedoria e clareza. Depois, inevitavelmente, falaram do que ele ia fazer. O Guido falou a ela da possibilidade que Dom Romer tinha sugerido a ele de se especializar em Roma em bioética porque a Igreja tinha pouca gente nessa área. Era um desafio interessante, vindo de uma pessoa por quem ele tinha muito reconhecimento e por quem tinha a máxima consideração e amor. Guido estava tão decidido e cheio de Deus que as suas palavras fluíam como se fossem uma sinfonia. Não havia margem para dúvida de que ele não queria ir estudar em Roma, mas ficar na Santa Casa, junto dos pobres, cuidando e matando essa fome que o povo tem de Deus. Mas o que fez realmente Angela tremer foi quando se despediram, Guido fez questão que continuassem a conversa. A chuva voltou forte como o sinal divino para continuarem o papo que seria o último. Agora entendia que Guido se despedira dela de um jeito especial. E relembrar o som daquela chuva providencial ia ajudando a afogar tamanha mágoa.

O professor Milton também estava impressionado. No dia anterior ao da morte de Guido, estivera com ele. Não fora nada combinado. Ele levara um seminarista doente à Santa Casa. Realmente era impressionante como Guido, ainda ontem, abraçava cada um daqueles que partilharam o seu apostolado no Hospital da Santa Casa. A enfermeira Fátima, o Sr. Luís, a Lúcia e muitos outros. Como por causa do seminarista doente, Deus o enviara para se despedir das pessoas que foram tão queridas na sua caminhada de fé. Como se Deus também quisesse deixar bem claro que ali, na Santa Casa, junto dos doentes e dos pobres, era o seu verdadeiro lugar.

O mais impressionante foi que o professor Milton sentiu um desejo enorme de desabafar com ele. Bem na véspera do falecimento de Guido, viveu mais um daqueles momentos, inquietantes, de dúvidas de fé. E Deus respondera ao seu chamado. Se sentaram, como de costume, no seu gabinete e conversaram longamente. Mais uma vez afligia o professor as injustiças do mundo: ver que os pobres, os mais miseráveis eram os que sempre pagavam. Essa miséria que gerava tanta violência, visível ali tão perto no Rio de Janeiro, em São Paulo. Até que ponto aqueles que matavam, às vezes de forma tão gratuita, como fora o caso do pai de Rodrigo Resende, seriam responsáveis pelo seu pecado. Guido escutou-o com uma paciência de santo e depois respondeu especialmente inspirado.

Nas respostas, Guido se apoiava nos exemplos daqueles que procurava seguir como a madre Teresa de Calcutá. Esta, ao ser questionada de que se fosse colocada em países como a Suécia ou a Noruega não teria muita coisa a fazer, respondeu que nestes, onde já estivera, encontrava a pior das misérias: a solidão. Guido também partilhava a ideia de que eram sociedades ricas, porém, desumanizadas, de corações vazios, índices altos de suicídios, muita violência gratuita, sobretudo sociedades sem amor. Então Guido falava:

– De que vale a riqueza, a solidariedade social, se não há amor? Só o amor salva verdadeiramente. Não é apenas a miséria que gera violência, vejam os tantos assassinos silenciosos que se movimentavam no meio da alta finança com todas as mordomias. Não foi por acaso que Jesus disse que mais facilmente passa um camelo por um buraco da agulha do que um rico entra no reino dos céus. A riqueza, o dinheiro, o bem-estar material, sem amor, corrompe, corrói o espírito, queima a alma. Realmente existe esse mistério que nos rodeia, "onde está Deus com tanta miséria, sofrimento, violência ao nosso redor?". No entanto, esse é o grande desafio da nossa salvação.

Guido, com uma serenidade encantadora, continuava dizendo que Deus, precisamente, se revelava no sofrimento e nos miseráveis.

– Então, professor, combatendo com amor essa miséria e sofrimento muitos corações se convertem, e só com corações convertidos o mundo poderá ser mais feliz — concluiu. — Esteja tranquilo, professor, que algo de maior espera por nós.

Aquela despedida enchera de Deus o coração do professor Milton. Guido fora como um cometa que viera à Terra, a iluminara, e agora voltava para o céu.

XXXI

A produção de Deus

O CORPO DO GUIDO foi levado para a pequena capela da Adoração, à esquerda da nave central da igreja de Nossa Senhora de Copacabana, onde o Santíssimo fica exposto para adoração, para a família estar com ele, antes de se realizar a missa de corpo presente. Capela onde ele já passara horas e horas da sua vida, de joelhos, em silêncio, diante do Senhor. O pai de Guido chorara profundamente. Além daquela dor inimaginável de se perder um filho, ali, diante do caixão, sentia um vazio no coração de ter ficado muita coisa por falar com Guido, para quem o maior milagre era o da conversão. O pai, Dr. Guido era um homem convertido, crente, que rezava todos os dias, comungava na missa de domingo, mas aquele impacto da morte do seu filho aprofundou a sua conversão. Ele foi se espantando com tudo o que aconteceu quando estavam ali com o corpo de Guidinho.

A família pouco tempo teve para estar sozinha com Guido. Logo chegaram os monges beneditinos que os abraçaram. Depois surgiu o monsenhor Abílio, o pároco da igreja, que foi um amor e logo disse a todos que não era necessário reservar capela nenhuma, a missa de corpo presente ia ser na nave principal da igreja. Geralmente ela era realizada nas capelas menores. A igreja principal, com o enorme Cristo por detrás do altar, tinha espaço para cerca de 1.700 pessoas. O caixão foi levado para lá e aquele imenso espaço foi se tornando pequeno. Ficou admiravelmente superlotado. Todos os que testemunharam esta missa de corpo presente são unânimes em dizer que a igreja foi se enchendo, de religiosos, de seminaristas, de ricos, de pobres, de irmãos de rua, de doentes, de médicos, de enfermeiras, de surfistas, de velhos, de jovens, de pais de família – todo o tipo de pessoa que se possa imaginar. E para coroar toda a multidão, quem presidiu a celebração foi o novo arcebispo do Rio de Janeiro, Dom Orani, juntamente com muitos bispos, setenta sacerdotes, emoldurados pelo coro formado pelos seminaristas. Se esta missa de corpo presente fizesse parte da produção de uma cena de um filme, seriam necessários alguns meses por prepará-la. A cerimônia que estava acontecendo ali era real, genuína, instantânea e espontânea. Foi fascinante, uma verdadeira produção de Deus.

XXXII

Como a notícia se espalhou tão depressa

Para Nazareth foi surpreendente como a notícia da morte do Guido foi se espalhando tão rápido. Era um fim de semana prolongado, muita gente tinha se ausentado. Este foi, por exemplo, o caso do professor Milton que estava em Minas Gerais. As pessoas foram se comunicando umas com as outras pelo telefone, celular, e-mail, enviando torpedos, e a mensagem comovia o coração de cada um, formando uma onda gigante de amor que rebentou docemente na igreja principal de Nossa Senhora de Copacabana, inundando-a de emoção e espanto.

Na paróquia de Braz de Pina, os fiéis se juntaram e encheram cinco ônibus que, em fila, se dirigiram para Copacabana. Lá iam padre Aberto e padre Elias, e aquele povo que chorava. O homem da banca dos jornais, ali da esquina de Domingos Ferreira com Figueiredo Magalhães, fechou, indiferente ao prejuízo material e à reclamação dos clientes, e se dirigiu para a missa. O bicheiro deixou a banca do jogo do bicho e também foi à missa.

Dom Orani chegou ao Rio de Janeiro para iniciar o seu trabalho pastoral como arcebispo em abril daquele mesmo ano de 2009. Estava regressando da Assembleia Geral da Conferência Nacional dos Bispos do Brasil quando tomou conhecimento do falecimento do seminarista Guido Vidal França Schäffer. O seu coração foi tocado pelo abalo que a surpreendente morte provocou nos seminaristas e na comunidade religiosa em geral. Sentiu o divino impulso de fazer parte daquela onda de amor que ia crescendo em direção a Copacabana. Aquela multidão, tendo na sua dianteira o chefe da igreja do Rio de Janeiro, parecia movida, como os Reis Magos, a seguir uma estrela que os levava ao encontro de alguém, que na verdade das suas almas, em vida se comportara como um santo.

XXXIII

O Bom Pastor

Os ACONTECIMENTOS DESDE O VELÓRIO na pequena capela do Santíssimo Sacramento até a missa de corpo presente iam enchendo de espanto o Dr. Guido Manuel. Ele, pela profissão, estava habituado a lidar com a morte. Pela expressão de um cadáver podia interpretar o sofrimento causado por ela. A expressão do seu filho era serena. Ele levara uma pancada na nuca com a própria prancha devido ao impacto da onda. Isso provocou o desmaio e o afogamento. Tinha sido uma morte sem dor. Não trazia o filho de volta, mas dava algum alívio porque Deus tinha poupado o Guidinho de uma morte com sofrimento. Depois, havia outro sinal, muito importante, o relacionamento do nome de família Schäffer com a data litúrgica que se celebrava naquele dia dois de maio. Era o dia do "Bom Pastor", e Schäffer, um nome alemão, significava em português "pastor".

Ao olhar para aquele povo tão variado que enchia a igreja, verificava que era mais um sinal de que o seu filho tinha sido como o "Bom Pastor". Ele realmente começou a conhecer a verdadeira dimensão de Guido no seu velório. Recordou-se das pregações que presenciou após ele ter decidido ser padre. Como seu filho se transfigurava um pouco à imagem de Jesus quando subiu ao Monte Tabor com João, Tiago e Pedro. As suas palavras, sempre encaixando passagens da palavra de Deus, soavam como uma sinfonia de Beethoven. Que coisa bonita. As pregações de Guido eram magníficas. E como o seu filho o olhava pedindo a sua aprovação. Como ele nunca se deu conta, com o devido entendimento, da tremenda transformação que tinha acontecido naquele garoto que passeava nas ruas de Copacabana de motocicleta, o desautorizando.

Entre toda aquela gente que vinha homenagear o seu filho, lá estava, com a sua família, o porteiro Antônio, a quem o Guidinho carinhosamente chamava de Merica. Como ele fora decisivo no verdadeiro milagre do porteiro ter deixado de beber. Não foi brincadeira. Na sua vida como médico sabia bem a dificuldade de desistir de um vício como a bebida. Como não deu a devida importância a esta graça? Fazendo jus ao ditado: em casa de ferreiro, o espeto é de pau.

Um padre, entre os muitos que ali se encontravam, lhe confidenciava ao ver aquela multidão, os bispos, o arcebispo, que muito padre morria e nem a presença de um bispo tinha na missa de corpo presente. E o seu filho, que nem padre era ainda, estava sendo velado como um rei. Pelas palavras daquele padre, Guido se apropriava de um *grão de mostarda* no Evangelho segundo São Mateus: "O Reino do Céu é semelhante a um grão de mostarda que um homem tomou e semeou no seu campo. É a mais pequena de todas as sementes, mas, depois de crescer se torna a maior planta do horto e se transforma numa árvore, a ponto de virem as aves do céu e se abrigar nos seus ramos."

E aquilo, que era tão discreto e passava tão despercebido a um pai, ia enchendo de um imenso amor o seu coração. Ele que, na véspera, observara com vaidade as costas largas e o corpo atlético do seu filho, o olhava agora numa outra dimensão que nunca tinha imaginado. Como a sua alma era tão pequena e agora estava se elevando por meio da morte do seu filho. Que contradição terrível, mas simultaneamente tão consoladora. Na sua alma uma convicção se tornava bem firme: vivera ao lado de um "santo" e nunca se dera conta disso. Pela primeira vez na vida deixava que o seu coração cheio de Deus, por intercessão do filho, tomasse conta do palco da sua existência, em detrimento das regras, dos preceitos e da razão.

XXXIV

Missa de corpo presente

Na abertura da missa os seminaristas cantaram "Eu creio na vida eterna, na feliz ressurreição...". Aos ouvidos de Nazareth, soou como se fosse um coro de anjos...

Padre Jorjão, com a permissão do arcebispo, começou a tirar fotos. Ele tinha sido o diretor espiritual de Guido e sabia como ninguém como ele tinha ido fundo no oceano da fé; intuiu que aquela missa ia ser um momento único. E a sua máquina podia ir focando tantos e tantos que cruzaram pela vida de Guido, muitos deles, anônimos, desconhecidos. Doentes que deveram a sua cura ao Dr. Guido. Médicos e enfermeiras que trabalharam com ele. Os irmãos de rua, juntos das irmãs da Caridade, onde se destacava a irmã Caritas. Cambeto também chorava o amigo, ali rodeado por aqueles que eram da turma que saía para azarar. "Guido, o Bom Pastor", desabafava no seu íntimo padre Jorjão, que ajudava a perpetuar aquela celebração com fotos.

Na família, Maurício continuava a sentir o seu coração como um mar revolto. A culpa de ter chamado o irmão para aquela surfada não o deixava. Como ele não se conformava por ter perdido o irmão que tanto amava... Era um irmão muito amoroso, que tinha a mania de apertar suas bochechas. Lembrava como Guido, com os seus onze, doze anos, naquela mesma igreja, pousava o olhar naqueles que eram diferentes, seja por uma deficiência física, pela velhice, pela pobreza, como já pressentisse que ia cuidar deles. Na praia estava sempre pronto para ajudar o salva-vidas. Ele desabafava com Maurício que queria ser salva-vidas, então não foi uma surpresa quando se decidiu a seguir medicina. Quando partilhavam o quarto, às cinco da manhã, Guidinho já estava de joelhos, rezando. Por que ele, em vez se virar para outro o lado para continuar a dormir, não o acompanhava na oração? Já sentia muito a sua falta.

Maurício também fez parte do Grupo de Oração Fogo no Espírito. Muitos dos que participaram do grupo também estavam ali prestando a sua homenagem e não escapavam à maquina fotográfica do padre Jorjão. Vestida com uma blusa com o logotipo do grupo de oração Fogo no Espírito, estava a psicóloga Geórgia. Ali louvando, não podia se esquecer de como conheceu Guido em pleno ano 2000. A sua história de religião estava ligada ao espiritismo, mas por causa de um amigo desembarcou numa missa do padre Jorjão na Nossa Senhora da Paz. Comoveu-se muito no Pai Nosso cantado. Chorou. Guido, no fim dessa missa, vendo que ela havia chorado falou: "Olha, na terça-feira tem um grupo de oração, vem aqui!" E ela foi. Como foi se apaixonando espiritualmente por Guido. Ele comentava a Bíblia com sabedoria. Ela pensava: "Esse menino só pode ser padre." Disseram a ela que ele tinha namorada. Sorriu. A namorada estava ali no grupo – e era bem bonita por sinal. Duas semanas depois foi com o marido a um seminário do Divino Espírito Santo. Foi uma experiência inesquecível. Quando voltou do retiro queimou tudo o que tinha sobre o espiritismo. Depois ele a encaminhou para uma confissão. Confessou-se. Sentiu-se livre na verdadeira acepção da palavra e começou uma vida nova. Ajudava Guido com os mendigos dando apoio psicológico. E ia continuar essa missão.

Rodrigo Resende, "The Monster", não estava surpreso por aquele mar de gente. Guido era especial, como aquela onda gigante que só aparece uma vez. Ele tentava sentir conforto naquela vaga de energia espiritual. Mas não conseguia. Que saudade, que vazio pela perda daquele amigão, mesmo que não tivesse dúvida de que ele, o Leozinho e o seu pai continuariam a protegê-lo nas ondas do Havaí.

Para o padre Jorjão, no meio de todos aqueles olhares, todos com um significado especial, um certamente vivia um drama bem complexo: Dudu. Ele se casaria em pouco tempo e estava na missa de corpo presente de um dos seus melhores amigos que no dia anterior morrera nos seus braços. Dudu se sentia como um náufrago que sabia que só podia se salvar agarrando-se à tábua da fé. E, espantado, nunca vira uma missa tão alegre. Na eucaristia, aquele coro de anjos cantava a música que Dudu tinha cantado, no hospital, diante do arco-íris, após ter sido confirmado o óbito de Guido. "Quando amanhecer..." Então já não tinha dúvida, o seu amigo nascera para o céu pelas mãos de Nossa Senhora.

A irmã Caritas estava toda arrepiada. Na noite anterior sonhara que estava num funeral com muita gente, sobretudo jovens e todo mundo estava feliz. Rindo, batendo palmas, cantando. Achou tão esquisito. Desabafou para si mesma, chocada: "Isto afinal é um velório ou uma festa?" Ela própria, no sonho, tinha se envolvido naquela festa durante o velório. E fazendo parte daquela missa maravilhosa estava entendendo tudo. Como Guido no caixão estava dormindo tão serenamente... Todo mundo estava, com certeza, saboreando um pedacinho do céu. Já entendia a razão do júbilo do seu coração durante o sonho.

Antes da bênção final, o padre Jorjão pediu permissão ao arcebispo. No meio da fortíssima corrente de emoção, disse:

– Foi como se eu tivesse perdido um filho. Um filho na fé. Mas ele já está fazendo muito por todos nós. Guido seria o padre que eu gostaria de ser.

Essa foi a deixa para o impulso que o Dom Orani já sentia no coração. O arcebispo, cheio do Espírito Santo, olhou todo mundo e disse:

– Esta igreja lotada me mostrou como este rapaz foi um bom pastor, e como tenho conhecimento do desejo dele de ser sacerdote. Eu vou colocar nas mãos dele a minha estola sacerdotal.

Desceu do altar e pousou a sua estola nas mãos de Guido. Aquele gesto fez estremecer todos aqueles corações unidos a Deus por Guido.

Ana Luísa estava perto da sua mãe e rodeada de muitos jovens que foram tocados pela pregação de Guido, fosse na praia pegando onda, comendo uma pizza ou na passagem do Ano Novo. Quando ela entrou na igreja, colocou na mão o terço com que tantas vezes rezara o rosário com ele. Foi um gesto de muita ternura e cumplicidade, mas o seu coração acelerou porque a mão que tocava nos seus dedos estava quente. E é com brilho nos olhos que Ana Luísa narra como foi a saída da urna da igreja, depois de Dom Orani ter colocado sua estola nos braços de Guido. Todos estavam cantando e aplaudindo, porque o bom pastor tivera realmente uma vida digna de aplausos.

XXXV

O enterro

NO MEIO DE UM PROFUNDO e respeitoso silêncio, o cortejo fúnebre percorreu o cemitério São João Batista em Botafogo. Era uma justa homenagem àquele que na oração, em silêncio, se encontrava com Jesus.

O que ainda hoje impressiona a irmã Caritas foi o gesto espontâneo de Nazareth tirando o terço da bolsa antes do corpo de Guido ser engolido pela terra. Todo mundo a acompanhou no rosário e as suas vozes humanas – ao repetirem as Ave-Marias, Santas-Marias, Pai-Nossos, Glórias – soavam como se Nossa Senhora e os anjos rezassem com eles. As suas almas sentiram uma doçura indescritível como se o céu se abrisse e lhes mostrasse a Jerusalém Celeste. Depois, Nazareth foi abraçando um a um dos presentes.

XXXVI

O Casamento

Dudu e padre Jorjão, após a missa de corpo presente, seguiram juntos para a igreja onde ia se realizar a cerimônia religiosa do casamento de Cris e Dudu. O dia mais feliz da vida de Dudu estava marcado pela morte de um dos seus melhores amigos. Vinham de uma missa de corpo presente para uma de casamento, uma situação que nem o melhor escritor ou roteirista imaginaria. Só podia ter explicação para Deus. Era em Deus que padre Jorjão e Dudu se refugiavam para que o casamento não virasse uma cerimônia triste. Mas, segundo Dudu, havia um impulso, uma "força" que empurrava todos a simplesmente não tocarem nem falarem da tragédia de forma a não entristecer a boda. Foi uma tese, no meio da aflição, que ia ganhando terreno. Mas padre Jorjão e Dudu estavam tocados pela beleza daquela missa de corpo presente e estavam certos de que o casamento só poderia ser uma verdadeira festa se Guido fosse recordado e homenageado. Para ambos, só com a presença de

Guido, como estava no convite de casamento, aquela cerimônia podia fazer sentido. Combinaram então que o padre Jorjão na cerimônia religiosa faria uma homenagem a ele.

Cris recebeu a notícia quando fazia a sua despedida de solteira com as melhores amigas. Ela, além da dor pela morte de quem gostava muito, tinha que consolar o seu noivo e gerir o vazio do seu coração romântico que sentia que a magia daquele momento tão sonhado estava em risco. Ficou inconsolável. Naquele sábado estava incapaz de se entregar a todos aqueles cuidados que embelezam uma noiva. Se deslocou à igreja mais próxima, de São José, rezou, e aí lhe veio a palavra: "O trigo para dar fruto precisa de cair na terra e morrer..." Com este pensamento recebeu o consolo de que necessitava.

Quando Cris e Dudu se juntaram no altar, não é exagero dizer que mais pareciam um casal romântico de uma novela de sucesso da Globo. Estavam lindos. Quando o padre Jorjão deu início à cerimônia, os convidados estavam encantados com a magia dos noivos. Mas, entre os convidados, havia alguém que continuava marcado pelo que se passara no dia anterior: Nicholas. Era uma sensação estranha, inesperada, de se sentir ligado eternamente a alguém. Ele conhecera Guido, não mais de uma hora, se tanto, e já sentia que ele não sairia mais da sua vida. As suas palavras que hipnotizavam, a sua energia, a alegria, aquela oração antes de entrarem no mar, depois a pancada da onda que fez com que perdesse a prancha. Sentia que Guido agira como seu anjo da guarda. Estava dando um novo significado e valor à vida. Prometera já a si mesmo deixar de fumar, promessa que terminou cumprindo. Antes da bênção final, como o combinado, era a hora do padre Jorjão fazer uma homenagem a Guido. Mas ele, impulsionado pela ajuda divina, passou o microfone a Dudu. Este já com aliança no dedo olhou a sua mulher e viu no seu olhar amoroso o consentimento. Então, no silêncio da sua alma, invocou o Espírito Santo e começou a falar. As suas palavras percorriam o corpo de Nicholas, arrepiando a sua pele.

– Eu conheci há onze anos no mar um surfista, apaixonado pelas ondas. Não tinha medo de ondas grandes, mas a maior delas era amar a Jesus. Foi ele quem me fez conhecer Cristo. Nestes onze anos esteve nos meus momentos mais importantes. Ele que me convidou a fazer parte de um grupo de oração, Fogo no Espírito Santo. Ele que me recomendou fazer os exercícios espirituais de Santo Inácio, quando eu falei que tinha sede de Deus. Ele sempre me aconselhou, esse meu amigo que também se tornou amigo da Cris, que em pouco tempo de convivência captou o coração dela. Estudava para ser padre, estava no seminário, e o sonho dele, tenho certeza, era celebrar o casamento de um amigão. Guido, como vocês podem ver no livreto, estava escalado para fazer parte da celebração. O seminarista Guido Schäffer. Mas ele sempre foi tão radical, gostava de onda grande, sempre se antecipou, e ele hoje está aqui em Espírito. Eu o senti diversas vezes, ele não queria estar aqui como seminarista. Ele queria estar aqui como padre, padre celeste. Guido celebrou este casamento conosco, ele que está na companhia de Cristo. Agora, o amigo que surfava junto comigo, que esteve na minha casa ontem, que a abençoou, que conversou com a Cris na semana passada, que tocou na vida de muitos que estão aqui, na missa hoje que encomendava a alma dele, eu tive a certeza que era uma missa de alegria e que antecipava o que já está acontecendo: Guido foi sem escala para o céu. Ele me abençoou hoje. Eu ontem, quando o retirei do mar, rezava para que ele sobrevivesse, porque na minha humanidade queria que ele voltasse à vida. Mas Jesus quis que o seu filho, a sua joia rara, estivesse com Ele. Guido, no dia do nosso casamento, nasceu para o céu, está lá em cima abençoando. Eu tenho um amigo santo que está lá no lado de Jesus, que reza por nós, que intercede por nós. E hoje é dia de milagre. Basta uma palavra para que o milagre aconteça. Creio que o milagre aconteceu. Amém.

Lágrimas de emoção corriam pelos rostos dos convidados, em especial pelo de Nicholas.

XXXVII

As setes dores de Maria

POUCOS DIAS DEPOIS da morte do Guido, Nazareth recebeu um telefonema do Berthaldo Soares, presidente da *Tarde com Maria,* que chegava do Santuário de Fátima em Portugal, desejando-lhe os sentimentos e oferecendo-lhe a presença da imagem peregrina, que trouxera especialmente consigo para acompanhar o rosário das *Tardes com Maria*. A imagem de Nossa Senhora de Fátima vinha acompanhada das relíquias dos beatos Francisco e Jacinta e era para ficar apenas algumas horas. Acabou por ficar com a Nazareth 24 horas. Muitas pessoas se juntaram a ela para rezarem o rosário. Como Nossa Senhora pedira aos Pastorinhos de Fátima, tanto Nazareth como Guido rezavam o terço todos os dias e muitas vezes o fizeram juntos. Guido escreveu no seu diário após rezar o rosário: "Senti em Maria o cheiro das rosas e suas palavras chegavam em minha alma com a doçura de um vinho suave causando uma profunda alegria." Nazareth, na presença da Virgem de Fátima e na companhia de todos aqueles que rezavam com ela a oração da Mãe do Céu, ia se consolando. Ela que logo havia invocado Nossa Senhora ao receber a notícia da morte do filho.

Guido no seu diário, num tom profético, escreveu sobre as sete dores de Maria, e na sétima escreveu: "Jesus é colocado no sepulcro. Grande é a dor de Maria, porém maior é a sua esperança na ressurreição como nos atestam as palavras 'Os que lançam as sementes entre lágrimas, ceifarão com alegria. Chorando de tristeza sairão, espalhando suas sementes, cantando de alegria, voltarão carregando os seus feixes' (Salmo 125,5-6); 'Se a tarde vem visitar-nos, de manhã nos vem saudar a alegria' (Salmo 29,6). Portanto, ao contemplarmos as sete dores, devemos levantar nossa cabeça e com esperança olhar para que também a nossa redenção se aproxime."

Só com o exemplo de Maria que Nazareth podia ultrapassar a grande dor que sentia. Bela era a imagem que o filho lhe contou de quando "Maria foi até a casa de Isabel, falou com ela sobre a alegria de ser mãe do Salvador, da vida religiosa, da obediência a Deus... Mas o que mais o impressionou foi ver Maria auxiliando o parto de Isabel, sua prima, e logo em seguida tomar João em suas mãos. João nasceu nos braços da Virgem Maria, assim também será no céu, nós chegaremos lá através dos braços de Maria e assim seremos apresentados por Ela a Jesus e ao Pai".

Esta imagem de Maria a levar nos braços o seu filho até Jesus e ao Pai consolava o coração de Nazareth. A dor de perder um filho é incomensurável, mas o vazio de não haver qualquer sentido para essa morte era insuportável. Através de Nossa Senhora, Nazareth começava a dar sentido à morte do filho. O padre Javier, com quem Guido escalara os penhascos mais altos do Rio de Janeiro e fizera os exercícios espirituais de Santo Inácio de Loyola, dizia a ela:

– Guido aqui na terra teria atingido um grupo reduzido de pessoas, limitado certamente, lá no céu ele tem uma influência com o seu exemplo, com a sua intercessão ilimitada, ele atinge todos os seres do mundo e a todos os momentos, o apostolado do Guido é elevado à sua última potência.

E como se reforçasse o pensamento do padre Javier, Guido tinha escrito no seu diário: "Enoque agradou a Deus e foi arrebatado ao paraíso para levar a conversão às nações."

O fato de aquela imagem ter vindo diretamente de Fátima, na companhia das relíquias dos beatos, naquele momento tão particular, foi como se Nossa Senhora visitasse Nazareth de uma forma pessoal, íntima e muito consoladora. Era um pequeno mimo do céu lhe dando garantias de que o seu filho estava vivendo a felicidade plena. E quanto mais ia se inteirando das tantas histórias e testemunhos sobre Guido, ainda completamente desconhecidas para ela, mais se confirmava, no seu coração, que ele vivia na graça plena junto de Jesus e Maria.

XXXVIII

Graças

A PRINCIPAL GRAÇA que Guido nos deixa é o seu testemunho, é o seu exemplo de como em sua vida foi tocando tantos e tantos corações. Ele, na sua busca de seguir Jesus Cristo, tinha um especial apreço pelas pessoas problemáticas, produzindo o milagre de fazer com que elas acreditassem em si próprias. No entanto, depois de sua morte, algumas curas já são atribuídas por sua intercessão.

No dia de Pentecostes, naquele mesmo mês de maio de 2009, padre Jorjão reuniu jovens – e entre eles se encontravam Cris e Dudu – para fazerem uma vigília, na parte de trás da igreja da Nossa Senhora da Paz. Estavam todos ainda muito tocados com o que se passara com Guido e louvavam ao Senhor para que ele estivesse ali rezando junto a eles. Entretanto uma senhora, trazendo consigo um garotinho, se aproximou de padre Jorjão e disse:

– Padre, o meu filho foi desenganado por um grande neurologista aqui do Rio de Janeiro. O médico diz que ele tem um tumor no cérebro. – Com lágrimas nos olhos, acrescentou: – E não me deu esperanças, disse que não tem cura.

Padre Jorjão, condoído, lhe respondeu:

– Filha, mas o que é que eu posso fazer?

– Padre, eu não sou muito religiosa, não sou de frequentar a igreja, mas tive um sonho que dizia para eu vir a esta igreja e para pedir a você que fizesse alguma coisa.

– O que é que eu posso fazer? O que é que eu posso fazer? – ia desabafando o padre, até que segurou no braço da senhora. – Espera, filha, está aqui um grupo de jovens rezando, vou pedir para que rezem pelo seu filho.

Deu um beijo na testa do menino e pediu a Dudu, à Cris e a todos aqueles que ali estavam para rezarem por aquela criança. E ao coração de Dudu, de Cris e de muitos daqueles jovens veio a imagem do Guido, que se estivesse ali, teria, com certeza, rezado por aquele menino. Então decidiram rezar pela criança como Guido teria rezado por ela. Cris chamou o garotinho para junto dela e, na presença da mãe, pediram a intercessão de Guido. Passado cerca de um mês, Cris ligou para a senhora e se apresentou:

– Se lembra do grupo de oração da Nossa Senhora da Paz, que estávamos louvando ao Senhor no dia de Pentecostes e que pedimos a intercessão do Dr. Guido por causa do seu filho?

– Deus Nosso Senhor seja louvado! Como podia me esquecer, estou muito agradecida, o doutor disse que ele não ia mais para a escola. Ele voltou para escola, o tumor regrediu, estou muito impressionada.

Aquele menino se curou.

Padre Elias, com quem o Guido conviveu cerca de um ano na paróquia de Braz de Pina, conta que passados uns três dias após a morte de Guido, uma senhora estava desesperada por causa da filha com cerca de um ano de idade. A bebê sofria de uma grave insuficiência cardíaca, e a médica disse que a única possibilidade de salvá-la era uma intervenção cirúrgica de altíssimo risco. A mãe estava com um receio legítimo porque era uma criança muito pequena. Levou a menina para ser batizada na igreja. A médica, vendo que a mãe não se decidia pela operação, chegou a perguntá-la se estava à espera de um milagre. Perante esta situação e as lágrimas daquela mãe, padre Elias disse a ela:

– A senhora acredita no que lhe vou pedir.

– O quê?

– Acredita? – insistiu o padre.

– Acredito.

– Esta criança vai ser cuidada pelo Dr. Guido.

– Mas ele já morreu – reagiu a mãe que sabia quem era o Guido.

– Mas é médico, a partir de hoje reza três Ave-Marias, que o Dr. Guido rezava sempre antes de adormecer, 34 dias, que foi a idade, mas em anos, com que ele morreu.

A mãe assim o fez, rezou as três Ave-Marias por 34 dias seguidos pedindo a intercessão de Guido para a cura de sua filha. Levou a menina à médica. Esta lhe disse:

– Então, já está convencida que a sua filha tem que fazer a cirurgia?

– Estou confiante de que a minha filha vai ficar boa.

Tiveram que se realizar os exames preparativos da cirurgia. Foi com espanto que a médica leu os exames, o mal cardíaco de que padecia a menina tinha regredido 100%. Já não era necessária a intervenção cirúrgica, a bebê estava curada.

Pouco tempo depois, padre Alberto, de quem o padre Elias era assistente, estava na porta da igreja se despedindo dos fiéis da missa dominical. Por último veio um casal que precisamente esperou para falar em particular com o pároco. A esposa pediu a padre Alberto para rezar pela cunhada que estava na UTI. Uma virose forte cuja origem os médicos não conseguiam detectar tinha tomado conta dela. A equipe médica não estava conseguindo controlar e queria inclusive amputar a perna da moça. O pároco escutou com atenção e os surpreendeu dizendo:

– Não vou rezar por sua cunhada.

– Não, senhor padre?

– Conheceu o Dr. Guido que passou por aqui?

– Sim, lembramos bem dele.

– Então vá junto do Sacrário e peça pela intercessão do Dr. Guido.

Ela pegou na mão do marido, entraram de novo na igreja e se ajoelharam diante do Sacrário pedindo a intercessão de Guido. A virose da cunhada acabou sem os médicos entenderem como. Não tiveram que amputar a perna e a senhora deixou o hospital e voltou para casa tranquila.

A irmã Caritas, nesse mesmo ano de 2009, após o falecimento do Guido, fez um exame médico de rotina, e descobriu que a sua glicose estava acima do normal. Dr. Geraldo, médico voluntário das irmãs, que por coincidência é endocrinologista, pediu para repetir os exames depois de três meses. A irmã Caritas realizou-os e o resultado foi idêntico. Voltou a fazer os exames mais duas vezes com o intervalo de três meses. O Dr. Geraldo chamou-a e pronunciou a sentença:

– Irmã, a senhora é diabética.

A irmã Caritas ficou triste e nervosa, mais ainda porque na família não havia nenhum caso de diabetes. Se recompôs, não perdendo a esperança, perguntou:

– Doutor, mas não existe a possibilidade de deixar de ser diabética?

– Infelizmente não! É possível controlar a doença, mas quando se tem, tem.

Então, prescreveu para ela Metformina 500 miligramas duas vezes ao dia e uma dieta.

A irmã Caritas deixou o Rio e foi colocada como superiora em Manaus. Emagreceu de 75kg para 54kg. Fez então uma novena para Guido, pedindo que se fosse vontade de Deus, fosse curada. Essa novena consistia em rezar nove dias seguidos o "terço do Guido". A irmã Caritas e mais outras irmãs da Caridade começaram a confeccionar o "terço", inspiradas no pedido que padre Elias ia fazendo aos fiéis, de rezarem precisamente, durante 34 dias, três Ave-Marias e que estava alcançando maravilhosos frutos por intercessão do Guido. Fizeram assim um terço com 34 contas, os anos de vida de Guido, e pediram autorização à mãe dele. Nazareth rezou para refletir sobre o pedido e disse a elas que no seu coração o Espírito Santo lhe dizia para as irmãs acrescentarem na abertura a oração de Guido a Nossa Senhora e no final três Glórias. O terço do Guido se reza assim:

Ave-Maria, Mãe do Puro Amor, dai-nos a Graça da obediência e da docilidade à Palavra de Deus, para que repletos de sabedoria, possamos irradiar a luz de Cristo em nossos corações, Amém.

Depois, pede-se a Graça que se pretende por intercessão de Guido e reza-se 34 Ave-Marias seguidas, e termina-se com três Glórias ao Pai.

Depois da novena, já em Manaus, recomendaram-lhe um médico endocrinologista por causa do diabetes. Fez as análises de sangue e quando levou os exames ao médico, ele, incrédulo, disse que as taxas de açúcar estavam normais. Então, o médico pediu para repetir os exames, ela repetiu, voltou a repetir. As taxas continuavam normais e foi com uma grande alegria que disse:

– Irmã, se não tivesse visto os exames anteriores, eu diria que você nunca teve diabetes, apenas uma pequena intolerância ao açúcar.

O médico suspendeu-lhe a medicação, manteve a dieta. Voltou a equilibrar o peso. A irmã Caritas atribui esta graça a Guido.

Em 2011, um jovem, Gustavo, foi a um luau com os amigos, na praia do Arpoador, numa noite de sábado. Ele tinha uma grande paixão pelo mar. Nessa noite, o tempo estava ruim e aconteceu uma tragédia. Ele morreu afogado. A equipe de buscas dos bombeiros foi imediatamente acionada perante o desespero dos amigos e da família de Gustavo. Após dois dias de busca, nada encontraram. Os bombeiros disseram à família que, devido ao estado do tempo, o corpo dele, se aparecesse, seria depois de cinco ou dez dias e longe do local do afogamento. Dois dias depois, uma vizinha levou à mãe do Gustavo um papel com nome do seminarista Guido Schäffer, com o propósito de ajudar a mãe de Gustavo a encontrar o corpo do filho, pois Guido era surfista na praia do Arpoador e também tinha morrido afogado. A vizinha tinha conhecimento das graças alcançadas por intercessão de Guido. A mãe do Gustavo se ajoelhou e rezou com perseverança pedindo ao seminarista Guido Schäffer para interceder junto a Nosso Senhor Jesus Cristo e a Nossa Senhora para que iluminassem a equipe de buscas e mostrassem a eles onde o corpo do filho estava. No dia seguinte, as buscas prosseguiam, mas o tempo estava fechado. A equipe de busca dos bombeiros passava a uns oito metros onde o Gustavo se afogara. De repente, o sol apareceu, luminoso, e naquela preciso momento, como se o sol fosse uma lanterna, focou o corpo de um jovem afogado. Logo que os bombeiros, ainda incrédulos, pegaram o corpo, as nuvens voltaram a tapar o sol. A mãe do Gustavo reconheceu o corpo do filho. O bombeiro que primeiramente o viu, ainda sob efeito do espanto, se perguntava como era possível com o tempo que fazia o corpo aparecer tão rápido e tão perto do local do afogamento. A mãe, comovida, respondeu ao bombeiro que havia orado pela intercessão do seminarista e surfista Guido Schäffer. O rapaz agradeceu e anotou o nome de Guido para pedir a intercessão em outras situações idênticas. Para esta mãe que pôde enterrar o seu filho, a estreita ligação da morte de Gustavo à do Guido é um doce consolo de Deus.

Nicholas, em 2012, fez uns exames de sangue que deixaram ele e a família muito preocupados. Ele tivera um linfoma aos nove anos. E realizando os seus exames de rotina, os resultados deram que as plaquetas estavam perigosamente baixas. Nesse momento, de muita apreensão, Nicholas, que faz faculdade de Geografia no Espírito Santo, lembrou-se de Guido. O cara que pegou a onda que era para ele. O cara que tinha dado um novo sentido à sua vida. O cara que, cada vez que entrava na água para surfar, estava sempre nos seus pensamentos e coração. Perante a aflição dele e da família, Cris e Dudu disseram para ele rezar a oração de Guido. “Mãe do Puro Amor...” E ele a rezou com fé. Os valores das plaquetas voltaram de novo ao normal. E ele sente um tremendo desejo de pegar a sua prancha, viajar para o Rio, e com Dudu e Maurício surfarem em homenagem a Guido, que do céu continua a protegê-los.

Muitas outras graças são atribuídas à intercessão de Guido.

XXXIX

O que mudou nas nossas vidas?

EU TIVE O PRIVILÉGIO de conviver com o pai do Guido, o Dr. Guido Manoel. Passei com ele um dia na casa férias da família, na montanha, em Mury, Friburgo. Guido gostava muito de se retirar para este lugar, nas montanhas, para em oração, estar mais perto de Deus. Dr. Guido Manoel me contou que o filho não se dirigia para casa pelo asfalto, mas saía do carro, escalava o barranco íngreme e, em seguida, tomava um banho de água fria. E ali a água é bem gelada. Dr. Guido Manoel também se recolhe ali, muitas vezes, conectando-se à natureza e a Deus. É um homem feliz, cuidando das árvores, algumas bem exóticas, que envolvem a acolhedora casa. E a felicidade aumentou por ter conhecido a faceta evangelizadora do filho que cada dia revela novos testemunhos. Passados cerca de três meses da morte de Guidinho, ele sofreu uma complexa intervenção cirúrgica na coluna. Ficou durante quatorze horas na sala de cirurgia. Passou por um sofrimento terrível, como se tivesse passado o seu purgatório aqui na Terra. Aceitou a sua cruz e se entregou nas mãos de Deus através do filho. Sentiu a paz de Deus. O seu coração, a partir dessa experiência dolorosa, pela mão do seu filho Guido, se sentiu ainda mais liberto. Guido mudou por completo a sua relação com Deus. Como ele explica: "Não me importa se o meu filho vai ser canonizado ou não, ele para mim é um verdadeiro santo e isso é que verdadeiramente me importa."

Mariana – a quem Guido, em nome de Jesus Cristo, expulsou os sete demônios, após a morte deste seu pai espiritual, como ele próprio já tinha profetizado – abandonou tudo e abraçou a vida religiosa. Guido mudou a vida dela radicalmente. É uma moça liberta, feliz, cheia do amor de Deus. Inclusive escreveu e encenou uma peça de teatro sobre a vida de Guido.

Ana Luísa – a jovem publicitária, muita amiga do Guido e que com ele criou um grupo de oração para jovens – tem certeza de que Guido fez muita coisa mudar na sua vida. Ele foi um testemunho vivo de que é possível viver com fé. Isso fez com que ela acreditasse que é possível viver conforme Deus nos pede. Através de Guido a sua fé foi muito fortalecida. E sente uma vontade de ousar e fazer coisas para Deus como ele fazia.

Amanda Esposito é voluntária da Pastoral da Saúde da Santa Casa. Ao conhecer Guido mudou tudo em sua vida. Foi através dele que voltou para a igreja e encontrou verdadeiramente Jesus. Foi uma conversão muito profunda. Guido chegava a brincar com ela: "Eu pesquei a Amanda." Porque realmente ela estava fora da vida com Deus e ficou encantada com as graças de Deus. E ele mudou também a vida do pai de Amanda, que teve uma conversão muito bonita através de Guido. Ele faleceu em 2010 e, antes disso, estava há quarenta anos afastado da Igreja. De vez em quando acompanhava Amanda no trabalho da Santa Casa. Aí assistia o Guido pregando e ficava maravilhado. As pessoas gostavam muito de ouvir Guido falar porque ele tinha o dom da palavra. E aí, depois de quarenta anos afastado, na Santa Casa, ele resolveu receber a bênção dos enfermos, fazer a confissão, a comunhão, receber a Eucaristia, e a partir daí nunca mais deixou de ir à missa. Então foi uma conversão profunda.

Amanda um dia foi ao aniversário de Guido, ele nascera no dia 22 de maio, dia de Santa Rita de Cássia, e a Dona Nazareth contou as experiências dela com a santa. Chegando em casa, comentou com seu pai: "É, pai, Santa Rita de Cássia, o dia dela é hoje, a Nazareth estava contando que Guido nasceu no dia de Santa Rita..." Então o seu pai tomou um carinho por Santa Rita e acabou ficando devoto. Para Amanda e o pai, foi uma bênção de Deus ter conhecido Guido.

Para Cambeto, ter sido um grande amigo de Guido mudou muito a sua vida. Foi através dele que o Espírito Santo foi se derramando sobre ele. Hoje tem um casamento muito feliz. O casal batizou o filho com nome de Miguel. Também em homenagem a Guido, que tinha uma devoção muito especial ao arcanjo São Miguel.

Para Eloir, irmão de rua, a ovelha perdida, Guido ensinou-o a amar.

Rodrigo Resende voltou à medicina. Esta nova caminhada, seguindo as pegadas do seu querido pai, deve a Guido. Ele sempre terá como marcador dos seus livros de medicina a página pagela de devoção privada ao Guido. Sente a presença do amigo todos os dias, sobretudo quando está com os doentes. E as mortes do pai, de Leozinho e de Guido não são em vão. Ele ganhou em troca esperança e futuro. E promete que vai concluir o desafio que Guido lhe fez e mandar fazer a prancha com a inscrição "Leão de Judá", para depois combinar uma surfada com todos aqueles que surfavam com Guido.

Para a Dra. Silvana, colega de Guido na Santa Casa, que continua a acompanhar os irmãos de rua, Guido não mudou a sua vida, fez mais, acrescentou, porque despertou nela um imenso desejo de exercer o amor fraternal.

A enfermeira Fátima todos os dias reza por Guido e é impressionante como sente a companhia dele. Ele está vivo como Jesus. Com Guido, o aprendizado mais importante foi ter entendido o poder da oração, ter aprendido a sofrer e a não perder a fé.

Nilza, que acompanhou Guido no atendimento carinhoso aos doentes, foi tocada profundamente por ele. Passou a ser uma pessoa mais humana, mais feliz. Ele semeou de forma irreversível no seu coração o amor pelos pobres pelos doentes.

Padre Jorjão confessa que Guido mudou muito a sua vida. Ajudou-o a ser um padre melhor. Tem certeza de que se o Guido fosse vivo o Rio de Janeiro estaria pegando fogo do Espírito Santo. Padre Jorjão procura ser o padre que Guido não pôde ser. Porque um dia quer ir para o céu, que certamente é o lugar onde Guido está. Hoje, quando um doente aparece pedindo ajuda, roga a Guido que no céu reze por esse doente.

Para Frei Anselmo, capelão do Hospital da Santa Casa, Guido despertou-lhe maior carinho e amor junto aos doentes, por sua causa passou a dar o máximo de si no tratamento e olhar pelos enfermos. Por isso, quando o chamam para junto de um doente, procura deixar tudo o que está fazendo e vai. Segue aquelas palavras de São Francisco: "O doente tem preferência sobre tudo." Guido, para Frei Anselmo, vivia plenamente o mandamento de Jesus: "Amai-vos uns aos outros como Eu vos amei e faz aos outros o que queres que façam a ti."

Angela, irmã do Guido, não esquece como ele ensinou a ela a disciplina na oração e o gosto pela Palavra. Isso tem sido decisivo para ela se manter firme na fé.

Dom Justino, monge beneditino, professor de Guido, aprendeu e aprofundou com este seu aluno a maravilha que é viver na paz de Deus e a importância de transmiti-la aos outros.

Dudu diz que Guido o iniciou nas ondas grandes, mas a maior onda foi a da fé. Deve a sua fé a Guido.

Para o professor Milton, Guido mudou completamente o seu entendimento da fé. Sempre teve dúvidas de fé, e foi Guido quem lançou as sementes no seu espírito, e hoje vê as questões de fé de uma forma iluminada, como ele diz, por aquele cometa que passou pela Terra, a iluminou e foi embora.

Na missa de um ano da morte de Guido, o professor Milton fez uma homenagem a Guido e num tom emocionado disse:

– Guido pai, Nazareth, vocês foram privilegiados por Deus por receberem um anjo no seu lar, que o Senhor os ilumine sempre, que a missão de Guido continue firme, que as incontáveis sementes lançadas por ele continuem sendo cultivadas. A história dele vai ser contada muitas vezes por várias pessoas que tiveram contato com ele.

Eu não tive contato com este, mas já estou contando a história de Guido, uma história que com certeza, como diz o autor, [illegible] vai [illegible] algumas vezes. Neste contato [illegible] a vida de Guido [illegible] a minha vida. A [illegible] e uma história que [illegible] senhor [illegible] Mesmo quando [illegible] este livro [illegible] do que algo já mudou radicalmente na minha vida [illegible] o medo de morrer [illegible] surpresa. [illegible] mais livre. [illegible] a Deus para permanecer Nele para que Ele permaneça em mim, [illegible] Obrigado, Guido [illegible]

Epílogo

EU NÃO TIVE CONTATO COM ELE, mas já estou contando a história de Guido, uma história que com certeza, como diz o professor Milton, vai ser contada muitas vezes. Neste contato diário com a vida de Guido muita coisa mudou na minha vida. A minha relação espiritual com ele já é em si uma história que um dia, se for vontade de Deus, a escreverei. Mas não quero deixar de terminar este livro confessando que algo já mudou radicalmente na minha vida por causa de Guido, o medo da morte. Eu vivia com esse medo, com essa prisão. Perdi-o. E como me sinto um ser humano muito mais livre! Só peço a Deus para permanecer Nele, para que Ele permaneça em mim, para que um dia, levado pelos braços de Nossa Senhora abrace este "santo" surfista no céu. Obrigado, Guido.

Este livro foi composto em
Adobe Garamond Pro para a Leya e
impresso em maio de 2013.